Das einzigartige Gehirn

Luciano Mecacci

Das einzigartige Gehirn

Über den Zusammenhang von Hirnstruktur
und Individualität

Aus dem Italienischen von Ingrid Koch

Campus Verlag
Frankfurt/New York

Die italienische Ausgabe »Identikit del cervello« erschien 1984 im Verlag Gius. Laterza & Figli.
© Gius. Laterza & Figli Bari/Rome, 1984

CIP-Kurztitelaufnahme der Deutschen Bibliothek

Mecacci, Luciano:
Das einzigartige Gehirn : über d. Zusammenhang von
Hirnstruktur u. Individualität / Luciano Mecacci.
Aus d. Ital. von Ingrid Koch. – Frankfurt/Main ;
New York : Campus Verlag, 1986.
Einheitssacht.: Identikit del cervello ⟨dt.⟩
ISBN 3-593-33574-3

Umschlaggestaltung: Atelier Warminsky, Büdingen
Foto des Autors: © Simo Neri, San Francisco
Satz: L. Huhn, Maintal
Druck und Bindung: Beltz Offsetdruck, Hemsbach
Printed in Germany

Inhalt

Der Historiker bedient sich ebenso wie der Geologe indirekter Methoden zur Rekonstruktion dessen, was nicht mehr ist, und am Ende wissen sie beide genau Bescheid über das, was einstmals gewesen ist. Auch der Psychologe befindet sich vielfach in einer ähnlichen Situation wie der Historiker und der Geologe. Seine Arbeit gleicht derjenigen eines Kriminologen, der eine Tat aufdeckt, die er nie gesehen hat.

Wygotski

Vorwort

Das von der modernen Wissenschaft vermittelte Bild des Gehirns ist das eines »durchschnittlichen« Gehirns, das bei allen Männern und Frauen der Welt gleich konstruiert ist und in gleicher Weise funktioniert. Das Gehirn, das bisher erforscht wurde und das die wichtigsten Erkenntnisse geliefert hat, ist das Gehirn des Menschen kurz vor dem Jahr Zweitausend; dennoch wird davon ausgegangen, daß wir es hier mit dem gleichen Gehirn zu tun haben, mit dem die Spezies Mensch seit vielen Jahrtausenden ausgestattet ist.

Es gibt jedoch noch ein »anderes« Gehirn, mit dem sich die Wissenschaft nicht oder nur am Rande befaßt, und zwar zum einen das Gehirn eines jeden Individuums, das sich von demjenigen anderer Individuen unterscheidet, und zum anderen das Gehirn von Individuen, die verschiedenen Kulturen angehören. Es ist das Gehirn der Wissenschaftler und der Künstler, das Gehirn derjenigen, die über das Meer fahren, das Gehirn des Menschen, der in der Tundra oder im arktischen Eis lebt, desjenigen, der lesen und schreiben kann bzw. einer schriftlosen Kultur angehört, wie auch desjenigen, der durch Krankheit oder Unfall seine geistigen Fähigkeiten eingebüßt hat. Es ist auch das Gehirn jener Männer und Frauen vergangener Zeiten, die in einer Welt wirkten und diese in einer Art und Weise erfaßten, die uns heute nicht mehr direkt zugänglich ist. Der Mannigfaltigkeit des menschlichen Gehirns ist es zuzuschreiben, daß der Mensch gegenüber anderen Spezies eine dominierende Stellung einnimmt; sie ist der Ausgangspunkt für soziale Beziehungen und für die Entstehung von Kultur. Eben diese Mannigfaltigkeit des menschlichen Gehirns aber wird ignoriert. Statt dessen wird ein »normales« Gehirn untersucht, das es in Wirklichkeit gar nicht gibt.

Dieses andere Gehirn unterscheidet sich erheblich von dem, was uns die moderne Wissenschaft über das Gehirn sagt; es handelt sich nämlich um das Gehirn, wie es sich in seiner Mannigfaltigkeit im Leben der einzelnen Menschen tatsächlich manifestiert (bzw. manifestiert hat). Zu einigen wenigen Fällen liegen gezielte Untersuchungen vor, im allgemeinen jedoch verfügen wir nur über indirekte Quellen. Den Wissenschaftler befällt offenbar ein gewisses Unbehagen beim Gedanken, das zu erforschen, was eigentlich im Gehirn vor sich geht, wenn ein großer Künstler malt oder komponiert bzw. wenn ein Sportler dank eines perfekten Bewegungsablaufes seinen Gegenspieler besiegt.

Zur Erforschung der unterschiedlichen Organisationsformen der Gehirnfunktionen des Menschen genügt es nicht, nur die aufgrund von Spezialuntersuchungen gewonnenen Erkenntnisse der Neurowissenschaften und der Psychologie zugrundezulegen. Diese Wissenschaftler tendieren nämlich gerade dazu, bestehende Unterschiede zu negieren. Ihnen geht es um das Konstrukt eines universalen Gehirns und einer ebensolchen Psyche. Infolgedessen werden Fälle mit ungewöhnlich ausgeprägten Funktionen als Ausnahmen abgestempelt. Stellt man den Fakten dieser Wissenschaften freilich diejenigen der Menschheitsgeschichte gegenüber und geht der Frage nach, welche Rolle das Gehirn des Menschen bei der Unterwerfung der Natur oder beim Aufbau von Gemeinwesen gespielt hat, so erscheint die Vorstellung nicht eben plausibel, dieser »Apparat« sei ein für alle mal entwickelt und in Gang gesetzt worden, seine Funktionsweise habe nie eine Änderung erfahren und sei tatsächlich bei allen Menschen die gleiche.

Die im folgenden dargelegten Fakten stellen natürlich noch keine hinreichende Grundlage für eine neue Konzeption des Gehirns dar. Es ging lediglich darum, fragmentarische Daten unterschiedlicher Provenienz zusammenzutragen und dabei die Erkenntnisse von Neurophysiologie und Psychologie zugrundezulegen und gleichzeitig einzelne Individuen sowie Phänomene der Kultur- und Sozialgeschichte zu berücksichtigen. Wer unter den Lesern an Darstellungen des Gehirns als eines komplexen, aus Neuronen und Nervenfasern bestehenden Gebildes gewohnt ist, mag vielleicht überrascht sein über eine Vorgehensweise, bei der sowohl spezielle Erkentnnisse der Neuropsychophysiologie über die Gehirnfunktionen zur Sprache kommen, als auch indirekt gewonnene Einsichten, das heißt solche, die aus der Geschichte bzw. der Anthropologie abgeleitet wurden. Wie komplex das Gehirn in Wirklichkeit ist, dürfte wohl um so deutlicher werden, wenn man diese scheinbar voneinander unabhängigen Quellen zueinander in Beziehung setzt. Natürlich hätte es hierzu eigentlich noch sehr viel umfassenderer Sachkenntnisse bedurft. Es ging jedoch zunächst einmal darum, einen ersten Überblick über die Problematik zu vermitteln bzw. einen neuen Ansatz vorzustellen, in der Hoffnung, daß auf diese Weise das Gehirn wieder seine menschliche Dimension erlangt, die ihm abgesprochen wird, wenn es einem Computer gleichgesetzt oder in einem hochmodernen, vollelektronischen Laboratorium demonstriert wird, so wie ein sonstiges Objekt der naturwissenschaftlichen Forschung.

Dieses Buch ist Natascha und ihren drei Freunden gewidmet, die wie sie blind und taubstumm zur Welt kamen und im Jahre 1975 in Moskau ihr Psychologiestudium abgeschlossen haben.

Das Gehirn eines Künstlers

Nadia

Vor einigen Jahren wurde in England einer Mutter geraten, ihre ungefähr sechs Jahre alte Tochter im psychologischen Institut der Universität Nottingham vorzustellen. Die Kleine namens Nadia war etwas pummelig und ungelenk, vor allem aber konnte sie nicht sprechen. Als die Mutter der Psychologin die Zeichnungen Nadias zeigte, war die Verwunderung groß, da es für ausgeschlossen gehalten wurde, daß ein Kind in ihrem Alter schon so gut zeichnen könnte. Die Psychologen meinten sogar, die Mutter wollte ihnen etwas vormachen, vielleicht um zu zeigen, daß ihre Tochter doch zu irgendetwas fähig war, auch wenn sie nicht sprechen konnte. Selbst wenn diese Zeichnungen von einem Erwachsenen angefertigt worden wären, hätte es sich um einen ungewöhnlich begabten Künstler handeln müssen.

Nadia wurde längere Zeit hindurch von einer gewissenhaften und versierten Psychologin namens Lorna Selfe behandelt, die ihre Zeichnungen sammelte und die Kleine verschiedenen psychologischen Tests unterzog. Natürlich beobachtete sie das Kind mit großer Aufmerksamkeit beim Zeichnen, wobei sich die Zweifel, ob die von der Mutter vorgelegten Zeichnungen wirklich von Nadia stammten, schnell als unberechtigt erwiesen. Seit Nadia im Alter von dreieinhalb Jahren mit dem Zeichnen begonnen hatte, waren Pferde stets ihr Lieblingsmotiv ge-

Abb. 1: Zeichnung Nadias (fünfeinhalb Jahre)

wesen. Sie stellte die Pferde aus unterschiedlichen Blickwinkeln und in voller Bewegung dar, zum Teil mit einem Reiter auf dem Rücken. Abb. 1 ist ein eindrucksvolles Beispiel für eine derartige Darstellung von Pferd und Reiter, die Nadia im Alter von etwa fünfeinhalb Jahren angefertigt hat.

Wenn Nadia zeichnen konnte, war sie überglücklich. Diese Momente gehörten zu den wenigen Höhepunkten ihres Tagesablaufes. Sie lachte beim Betrachten ihrer Bilder und klatschte manchmal sogar vor Freude in die Hände. Jede Skizze brachte sie rasch und mit unglaublich sicherer Hand zu Papier. Während sie zeichnete, machte die Psychologin einige interessante Beobachtungen. Nadia beugt sich sehr tief über das Blatt, obgleich sie nicht kurzsichtig war. Sie verwendete überhaupt keine Farben und zeichnete nur mit einem Kugelschreiber. Als man ihr bei der ersten Sitzung einen Bleistift gab, um festzustellen, wie weit ihre motorische Geschicklichkeit entwickelt war und welchem Stadium ihre Zeichnungen zuzuordnen waren, kam nur Gekritzel heraus. Zeichnen konnte sie nur mit einem Kugelschreiber. Hätte man nicht entdeckt, daß sich Nadias Begabung nur mit Hilfe eines Kugelschreibers zu äußern vermochte, wäre womöglich ein zentraler Aspekt ihres Innenlebens und ihres ganzen Daseins unerkannt geblieben.

Nadia war also überaus flink beim Zeichnen, aber außerordentlich langsam bei allen anderen Tätigkeiten. In der Schule wurde sie während der Pause fast nie mit dem Essen fertig; wenn sie mit ihren Eltern und Geschwistern auf der Straße ging, blieb sie fast immer zurück. Andererseits war sie in der Lage, die Striche einer Zeichnung, wie wir sie in Abb. 1 gesehen haben, in Windeseile zu Papier zu bringen und die einzelnen Linien miteinander zu verbinden, ohne dabei auch nur einen kurzen Moment innezuhalten. Nadia zeichnete überallhin, wo immer sie ein bißchen Platz fand, in Hefte und Bücher oder auf Kalenderblätter, und keineswegs nur auf ihr weißes Malpapier, dessen Vorräte sich meistens schnell erschöpften.

Bemerkenswert ist die Tatsache, daß Nadia nie ein Modell vor sich hatte, wenn sie zeichnete. Mit der Außenwelt hatte sie

Abb. 2: Zeichnung Nadias (sechs Jahre und fünf Monate)

kaum Kontakte; vermutlich war sie fasziniert von den Dingen, die sie zu Hause zu Gesicht bekam, insbesondere von den Abbildungen, die ihr in irgendwelchen Büchern oder Kalendern begegneten. Für die Pferde konnten einige Vorlagen ermittelt werden. Nadia *veränderte* und *kombinierte* allerdings ihre verschiedenen Vorbilder und gab sie dann auf ihre ganz eigene, originelle Weise wieder. Dies war nicht nur bei den Pferden der Fall, sondern auch bei anderen Tieren, wie etwa dem Pelikan (Abb. 2) oder dem Hahn (Abb. 3). Nadia fügte dabei Details hinzu, welche die Originalbilder nicht aufwiesen, sie veränderte die Perspektive oder die Größe der abgebildeten Figuren. Was

Abb. 3: Zeichnung Nadias (ca. sechs Jahre
und vier Monate)

sie zeichnete, hatte sie im Kopf und nicht vor Augen. Interessant ist folgender Fall: Die Psychologin hatte ihr eine Gans gezeichnet, die sie abmalen sollte. Statt dessen zeichnete Nadia einen Hahn und zeigte damit zum einen, daß für sie zwischen diesen Tieren insofern eine Beziehung bestand, als es sich bei beiden um Geflügel handelt, zum anderen aber auch, daß sie ihrem »inneren Modell« den Vorzug gab. Nur einmal skizzierte sie das Gesicht ihrer Psychologin, nachdem sie es mehrere Minuten lang eingehend betrachtet hatte. Ansonsten kamen bei ihr Darstellungen von Menschen nur recht selten vor. Ein Detail, dem Nadia besondere Aufmerksamkeit schenkte, waren Füße und Schuhe, die sie vielfach auch ohne den dazugehörigen Körper zeichnete.

Wem die Art und Weise, wie Kinder im Alter von sechs bis sieben Jahren normalerweise Tiere malen, nicht so vertraut ist, der sei auf die für diese Altersstufen typischen Bilder in Abb. 4 verwiesen. Einmal abgesehen von den im Vergleich zu Nadias Zeichnungen primitiven Formen und Details ist vor allem der Mangel an Perspektive und Tiefenwirkung der Zeichnungen auffällig. Nadia hingegen vermochte es, eine auf dem Papier an und für sich ja zweidimensional dargestellte Figur zu verwandeln und sie in ihrer realen Dreidimensionalität zu sehen (z.B. das Pferd), auch wenn die Figur ihr in der Realität nie dreidimensional zu Gesicht gekommen war. Anschließend verwandelte Nadia ihr dreidimensionales inneres Bild des betreffenden Objekts auf dem Papier wiederum in ein zweidimensionales Bild, wobei es ihr jedoch durch den gekonnten Einsatz perspektivischer Mitteilung gelang, in eindrucksvoller Weise die Illusion der Dreidimensionalität zu erzeugen. Wir haben es hier mit einer Entwicklungsstufe zu tun, die andere Kinder erst sehr viel später erreichen; bei ihnen wirken auf ihren ersten Bildern die Figuren ziemlich flach und stehen beziehungslos nebeneinander. Obgleich im Erwachsenenalter die zur Erzielung perspektivischer Wirkung erforderlichen Mittel bekannt sind, vermögen bekanntlich nicht alle Menschen sie wie richtige Künstler und mit der gleichen Sicherheit wie Nadia einzusetzen.

Nadia war die Tochter von Emigranten; der Vater stammte aus der Ukraine, die Mutter aus Polen. Zu Hause wurde ukrainisch gesprochen; die beiden Geschwister Nadias konnten allerdings auch Englisch. Die ersten Worte, die Nadia mit neun Monaten sprach, waren denn auch ukrainisch. Doch schon bald vergaß sie diese Worte wieder und verfiel in einen Mutismus, der lediglich durch einige wenige, nur ihr selbst verständliche Äußerungen unterbrochen wurde. Als klar wurde, daß Nadia nicht sprechen konnte, ging man davon aus, daß, wenn sie überhaupt eine Sprache lernen sollte, dies zweifellos Englisch sein müsse. So wurde mit ihr Englisch gesprochen, obgleich ihre Angehörigen untereinander Ukrainisch sprachen. Als Nadia et-

Abb. 4: Zeichnungen sechs- bis siebenjähriger Kinder

wa drei Jahre alt war, erkrankte ihre Mutter an Krebs und mußte für längere Zeit ins Krankenhaus. Nadia kam zu ihrer Großmutter väterlicherseits, die nur ukrainisch konnte. Während dieser ganzen Zeit kam Nadia nicht aus ihrem kleinen Zimmer heraus. Sie war überglücklich, als ihre Mutter nach einigen Monaten wieder nach Hause kehrte und ihr besondere Aufmerksamkeit zuteil werden ließ, da sie Schuldgefühle empfand, weil sie ihre Tochter alleine gelassen hatte. In dieser Zeit fing Nadia an zu zeichnen. Sie war also ungefähr drei Jahre und fünf Monate alt, als ihre ersten Pferdebilder entstanden. Bei Abb. 5 sind nicht nur die Pferde selbst, sondern auch der Reiter und der Hund (rechts der Bildmitte) bemerkenswert. Einige Jahre später, als Nadia etwa acht Jahre alt war, starb ihre Mutter. Nadia besuchte damals eine Schule für autistische Kin-

Abb. 5: Zeichnung Nadias (ca. drei Jahre und fünf Monate)

der. Nach einigen Jahren zeigte sie beachtliche Fortschritte in ihren sozialen Beziehungen und in ihrer Verstehens- und Ausdrucksfähigkeit. Sie konnte spontan um Dinge bitten, die sie gerne haben wollte, vermochte zu zählen, einfache Additionen und Subtraktionen vorzunehmen und machte auch beim Lesen und Schreiben Fortschritte. Ihr großes Zeichentalent freilich hatte sie dabei eingebüßt. Sie zeichnete nicht mehr spontan, sondern nur noch, wenn sie dazu aufgefordert wurde; die Qualität ihrer Zeichnungen war zwar immer noch gut, aber nicht mehr außergewöhnlich wie zuvor. Elizabeth Newson, die Psychologin, die als erste mit Nadia zu tun gehabt hatte, gab folgenden Kommentar zum Ausgang dieser Geschichte ab:

»Ist das denn eine Tragödie? Für uns, die wir uns gerne durch Außergewöhnliches beeindrucken lassen, vielleicht schon. Für Nadia genügt es vielleicht, ein Wunderkind *gewesen* zu sein. Wenn der teilweise

Verlust ihres Talents der Preis ist, der für ihr Sprachvermögen zu zahlen war – auch wenn dieses bißchen Sprache, das sie beherrschte, kaum ausreichte, um ihr einen Austausch mit ihrer kleinen behüteten Welt zu ermöglichen –, so müssen wir, meiner Meinung nach, dazu bereit sein, diesen Preis zum Wohle Nadias zu zahlen.«

Kunst und Linkshändigkeit

Da Nadia zwar nicht sprechen, dafür aber zeichnen konnte, und zwar ganz hervorragend, lassen sich an diesem Fall zwei unterschiedliche Fähigkeiten oder Funktionsweisen des Gehirns deutlich voneinander trennen. Wir haben es zum einen mit der verbalen Funktion zu tun (Sprachverständnis und Sprachproduktion), zum anderen mit der visuell-räumlichen Funktion (Umwandlung von der Zwei- zur Dreidimensionalität und umgekehrt, Erkennen komplexer Formen, Wiedererkennen von Gesichtern usw.). Dieser grundlegende Unterschied ist bedingt durch die funktionale Spezialisierung der beiden Hirnhälften (Hemisphären) des Menschen. Die linke Hemisphäre ist für die sprachlichen Funktionen zuständig, die rechte für die visuell-räumlichen Funktionen. Anatomisch sind die beiden Hirnhälften getrennt, aber durch Bündel von Nervenfasern können sie miteinander kommunizieren und interagieren (Abb. 6). Bei den meisten Menschen liegt diese Art der Spezialisierung der beiden Hemisphären vor. Einen Beweis hierfür liefern Beobachtungen, die an Menschen gemacht wurden, die an der einen oder anderen Hirnhälfte Schäden davongetragen haben, seien diese nun zurückzuführen auf einen Tumor, eine Gefäßerkrankung oder auf eine durch einen Autounfall oder ein Geschoß bzw. einen Granatsplitter verursachte Verletzung. Je nachdem, welche Hemisphäre dabei betroffen wurde, kommt es zu einem Verlust der für diese Seite spezifischen Funktion. Am bekanntesten ist die Beeinträchtigung der Sprachfähigkeit (Aphasie), die sich sowohl auf das Verstehen

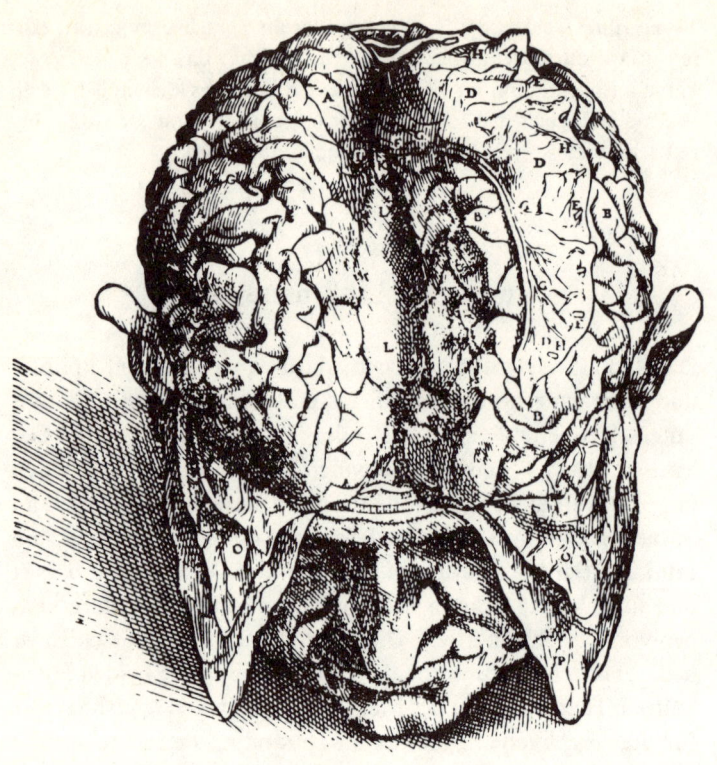

Abb. 6: Die beiden Hirnhälften in einer Zeichnung Andrea Vesalios aus dem Jahre 1543.

von Sprache (sensorische Aphasie) als auch auf die Produktion von sinnvollen Wörtern oder Sätzen auswirken kann (motorische Aphasie). Aphasien entstehen im allgemeinen durch Verletzungen der linken Hirnhälfte. Verletzungen in der hinteren Hirnregion (im Schläfenlappen, s. Abb. 7) wirken sich insbesondere auf die Fähigkeit zur Analyse verbaler Informationen aus, während Verletzungen im vorderen Teil (Vorderhirn) die Fähigkeit zur Sprachproduktion beeinträchtigen. Bei der Aphasie handelt es sich um eine Störung, die nicht nur deshalb

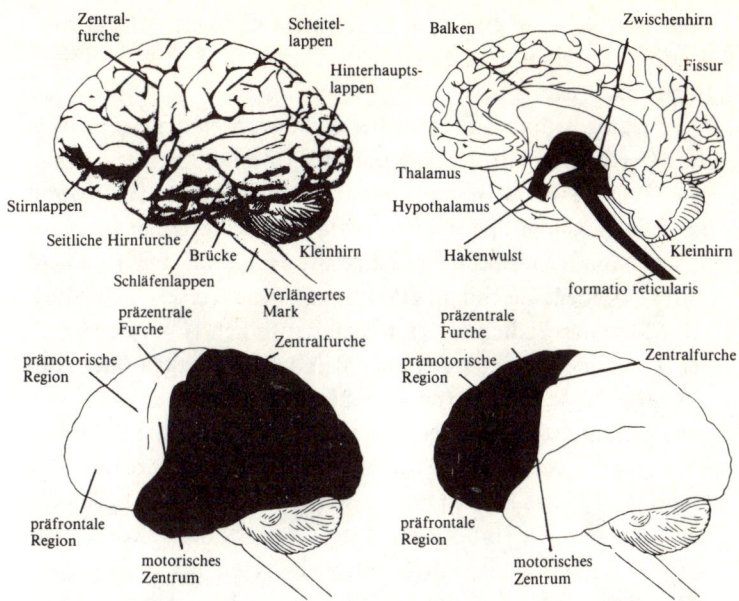

Abb. 7: Die drei funktionalen Einheiten des menschlichen Gehirns nach Luria: Die Einheit für Wachen und Schlafen (oben rechts), die Einheit für Analyse, Kodierung und Speicherung der Informationen (unten links) und die Einheit für Programmierung und Steuerung des Verhaltens (unten rechts).

weithin bekannt ist, weil sie wesentlich häufiger vorkommt als andere Störungen, sondern vor allem wegen der wichtigen Rolle, die der Sprache für die zwischenmenschlichen Beziehungen zukommt. So fällt uns sofort auf, wenn uns jemand nicht versteht oder es ihm schwerfällt, sich mit Worten auszudrücken. Andere Störungen, etwa die Agnosie (visuelle Agnosie ist zum Beispiel die Unfähigkeit, relativ komplexe optische Formen wie eine Zeichnung oder ein Gesicht zu erkennen) oder die Apraxie (das heißt die Unfähigkeit, Bewegungsabläufe zu koordinieren, zum Beispiel sich anzukleiden oder die Zähne zu putzen, eine Zigarette anzuzünden usw.), treten nur dann in Erscheinung, wenn wir Gelegenheit haben, den Patienten beim Vollzug einer bestimmten Handlung bzw. unter speziellen Testbedingungen zu beobachten.

Wichtig ist nun die Tatsache, daß zwischen der Spezialisierung der beiden Hirnhälften und der Dominanz einer der beiden Hände eine Beziehung besteht. Bei mehr als 90 Prozent derjenigen, deren linken Hirnhälfte für die verbalen Funktionen zuständig ist, dominiert die rechte Hand, das heißt sie wird zum Schreiben, Zeichnen, Hämmern usw. eingesetzt. Die übrigen Menschen bedienen sich hierzu der linken Hand oder auch beider Hände (bei letzteren liegt also Beidhändigkeit oder Ambidextrie vor). Eine Hirnhälfte steuert unmittelbar die Bewegungsabläufe der gegenseitigen Hand, das heißt die linke Hemisphäre die rechte Hand und die rechte Hemisphäre die linke Hand. Wird eine Hemisphäre verletzt, so ist die Beweglichkeit der gegenseitigen Hand gestört (wie auch anderer Körperteile auf der betreffenden Seite). Folglich treten bei einem Menschen mit einer Verletzung der linken Hemisphäre sowohl Sprachstörungen als auch Schwierigkeiten beim Bewegen der rechten Hand auf.

Es gibt zahlreiche Untersuchungen über die Beziehungen zwischen der Dominanz der linken Hand, also der Linkshändigkeit, und den Funktionen der beiden Hirnhälften. Eigentlich wäre zu erwarten, daß bei Linkshändern eine Spezialisierung beider Hemisphären genau im umgekehrten Sinne vorliegt, d.h. daß bei ihnen die rechte Hemisphäre für die verbalen Funktionen und die linke für die visuell-räumlichen Faktoren zuständig ist. Einige Neuropsychologen gehen jedoch davon aus, daß bei einem Teil der Linkshänder diese beiden Funktionen in beiden Hirnhälften repräsentiert seien und somit jede Hemisphäre sowohl die verbale als auch die visuell-räumliche Funktion übernehmen könne. Bei diesen Menschen treten beide Funktionen gewissermaßen in Konkurrenz, was dazu führt (wie sich aufgrund von Experimenten ergeben hat), daß die visuell-räumlichen Fähigkeiten zugunsten der verbalen Fähigkeiten in den Hintergrund gedrängt werden. Vermutlich werden aufgrund kultureller und sozialer Gegebenheiten die verbalen Funktionen so stark gefördert, daß sie allmählich eine Vorrangstellung einnehmen, zumindest vom Zeitpunkt der Einschulung an. Viele Psychologen und Pädagogen haben darauf hingewiesen, daß beim Kind in dem Maße, wie es Lesen und Schreiben sowie den grammatikalisch und syntaktisch korrekten Gebrauch einer Sprache lernt, die Vielfalt an Formen und Farben seiner Zeichnungen zurückgeht, da es immer mehr auf stereotype Muster zurückgreift, wenn seine Kreativität nicht eigens gefördert wird. Einige Linkshänder jedoch weisen offensichtlich eine andere Zuordnung der Funktionen zu den beiden miteinander konkurrierenden Hirnhälften auf. Bei ihnen ist vermutlich die visuell-räumliche Funktion stärker ausgeprägt. Bei denjenigen Linkshändern, bei denen die linke Hirnhälfte auf die Sprache spezialisiert ist, wie dies bei den meisten Menschen der Fall ist, steuert die rechte Hirnhälfte, die auf die visuell-räumlichen Funktionen spezialisiert ist, unmittelbar die Bewegungen der linken Hand.

In diesem Zusammenhang ist die Tatsache recht aufschlußreich, daß sich unter Künstlern sehr viele Linkshänder finden, und zwar wesentlich mehr, als bei anderen Bevölkerungsgruppen. Wenn wir beispielsweise nach dem Zufallsprinzip 100 Erwachsene auswählen, so werden wir feststellen, daß (zumindest in Italien) der Anteil an Linkshändern bei rund 6 Prozent liegt; werden allerdings nur Personen ausgewählt, die künstlerische Berufe ausüben bzw. vor dem Abschluß eines Studiums der bildenden Künste stehen, ist festzustellen, daß sehr viele mehr Linkshänder darunter sind. Wie die Psychologen Mebert und Michel berichten, ergab ein Vergleich zwischen Studenten einer Kunstakademie und Studierenden einer anderen Fachrichtung, daß von 28 Linkshändern unter insgesamt 204 Studenten immerhin 21 Kunst belegt hatten. Bei den von Peterson und Lansky durchgeführten Untersuchungen stellte sich heraus, daß auch bei den Architekten der Anteil an Linkshändern relativ hoch ist. Der Architekt und Linkshänder Lansky hatte festgestellt, daß viele seiner Kollegen ebenso wie er selbst bevorzugt mit der linken Hand arbeiteten, und er bat daher den Psychologen und Rechtshänder Peterson, diese überraschende Beobachtung näher zu untersuchen. Es stellte sich heraus, daß von 17 Professoren der Fakultät für Architektur fünf Linkshänder waren, zwei von ihnen von klein auf. Auf 484 Studenten kam die stattliche Anzahl von 79 Linkshändern, also 16,3 Prozent. Als man dann der Frage nachging, wer nach den für diese Fachrichtung vorgesehenen sechs Studienjahren das Diplom erhalten hatte, stellte sich heraus, daß von den 79 Linkshändern 58 diesen Abschluß geschafft hatten, während es bei den 405 Rechtshändern nur 251 waren.

Wenn man von diesen Zahlen einmal absieht, die das Ergebnis moderner Untersuchungen über die Funktionsweise der beiden Hirnhälften sowie die jeweils dominierende Hand darstellen, so ist daran zu erinnern, daß Zusammenhänge zwischen Linkshändigkeit und künstlerischer Begabung schon sehr lange bekannt sind. Die bekanntesten Fälle stellen Michelangelo und Leonardo da Vinci dar, die beide Linkshänder waren. Wie man weiß, hat Michelangelo in dem Deckenfresko der Sixtinischen Kapelle den Adam dargestellt, wie er mit ausgestreckter linker Hand von Gott zum Leben erweckt wird (Abb. 8). Hierfür gibt es unterschiedliche Interpretationsmöglichkeiten. So mag es das Anliegen des Malers gewesen sein, die beiden Figuren so darzustellen, daß ihre Vorderseite dem Betrachter zugewandt ist und sich ihre Hände nicht überkreuzen und somit gegenseitig verdecken; andererseits könnte Adam auch die Verkörperung des linkshändigen Menschen sein. Die Verwendung der »Spiegelschrift« bei Leonardo ist möglicherweise ein Hinweis auf seine Linkshändigkeit. Im *Codex Atlanticus* hat Leonardo Hunderte von Blättern mit von rechts nach links angeordneten Buchstaben in Spiegelschrift beschrieben (s. S. 153 ff.). Diese Fähigkeit, Formen seitenverkehrt darzustellen oder zu erkennen, hängt mit der Fähigkeit zur Transformation und Rotation optischer Formen zusammen; vermutlich handelt es sich hierbei um eine Eigenheit der rechten Hemisphäre, die bei den Linkshändern besonders ausgeprägt ist. Lewis Caroll, der Au-

Abb. 8: Michelangelo, *Die Erschaffung des Menschen* (Sixtinische Kapelle)

tor von *Alice im Wunderland* und *Alice hinter den Spiegeln*, bediente sich sowohl in privaten Briefen als auch in seinen Büchern vielfach der Spiegelschrift:

Nicht weit von Alice lag ein Buch auf dem Tisch, und während sie so dasaß und auf den Weißen König achtgab (denn sie war seinetwegen noch immer etwas besorgt und hielt die Tinte griffbereit für den Fall, daß er wieder ohnmächtig würde), blätterte sie darin, um etwas zu finden, was sie lesen konnte; »– denn es ist in irgendeiner Sprache verfaßt, die ich nicht kann«, sagte sie sich.

Das sah so aus:

DER ZIPFERLAKE
Verdausig wars, und glasse Wieben
Rotterten gorkicht im Gemank;
Gar elump war der Pluckerwank,
Und die gabben Schweisel frieben.

Sie rätselte eine Zeitlang daran herum, bis ihr zuletzt ein guter Einfall kam: »Natürlich! Es ist eben ein Spiegelbuch! Wenn ichs vor einen Spiegel halte, laufen die Wörter gewiß wieder nach der richtigen Seite.« (Caroll 1963)

Manch ein Kopf braucht sich natürlich nicht den Kopf zu zerbrechen, und richtig oder verkehrt herum ist für ihn gleich. Lewis Caroll schrieb nicht nur mit Vorliebe seitenverkehrt, sondern er stotterte auch. Auch das Stottern ist häufig mit Linkshändigkeit in Verbindung gebracht worden, mit verbalen Ausdrucksschwierigkeiten, die vielfach auf die erwähnten konkurrierenden Funktionen beider Hirnhälften zurückzuführen sind. Es ist allerdings nicht sicher, ob es sich bei dem englischen Schriftsteller Charles Lutwidge Dogson (wie der richtige Name von Carroll lautete) tatsächlich um einen Linkshänder handelte.

Linkshänder seien sensibler als Rechtshänder, sie liebten das Schöne, sie seien potentielle Künstler und ausgesprochen sinnlich – diese Attribute wurden den Linkshändern zuweilen zugeschrieben; daneben ist aber auch die Auffassung vertreten worden, Linkshänder könnten zu Kriminalität und sexueller Perversion neigen. Nicht von ungefähr, so hieß es, seien Michelangelo und Leonardo Linkshänder und außerdem Homosexuelle gewesen und habe andererseits der Autor der *Alice* eine abnorme Leidenschaft für kleine Mädchen gezeigt. Die Rechte galt als Symbol des Gerechten (»die Rechte Gottes ist voller Gerechtigkeit«, heißt es im *Buch der Psalmen*), des Männlichen, die Linke dagegen als Symbol des Verderbten, des Weiblichen. Daher rührt also die Tatsache, daß die Linkshändigkeit teilweise gewaltsam unterdrückt wurde, was wiederum zu den von jeher immer wieder vorgebrachten Appellen Anlaß gegeben hat, hinsichtlich der Präferenz einer der beiden Hände Toleranz zu üben (angefangen von Platon, der meinte, wer die linke Hand als minderwertig gegenüber der rechten ansähe, handelte wider die Natur, über Rousseau, der in seinem Erziehungsroman *Emile* schreibt, man solle das Kind sich beider Arme bedienen lassen und es ihm anheim stellen, beide Hände zu geben und die eine oder die andere nach Belieben zu gebrauchen, bis hin zu den in neuester Zeit in den Vereinigten Staaten entstandenen Bewegungen zur Förderung der »Beidhändigkeit«).

Bei der Linkshändigkeit spielen die durch die Erziehung vermittelten sozialen und kulturellen Faktoren eine Rolle; zugleich besteht jedoch ein enger Zusammenhang mit der in den ersten Lebensjahren des Kindes angelegten Gehirnorganisation. Diese Organisation (mit der jeweiligen funktionalen Spezialisierung der Hemisphären) kann durch eine Reihe genetischer Faktoren bereits vor der Geburt festgelegt sein, allerdings muß sie, um sich entwickeln zu können, mit den tatsächlichen Umweltreizen in Einklang stehen. Im Normalfall (wenn also die rechte Hirnhälfte für die visuell-räumlichen Funktionen und die linke für die verbalen Funktionen und für die Dominanz der rechten Hand zuständig ist) wird das Kind – entsprechend dieser genetisch über die Chromosomen seiner Eltern festgelegte Verteilung der Funktionen – sich ausdrücken und die Welt durch Sprache und visuelle Eindrücke kennenlernen. Diese Verteilung kann aber auch anders aussehen, wenn nämlich durch irgendein Trauma bedingt eine der Hirnhälften ausfällt und sich infolgedessen in den ersten Lebensjahren das ganze Gehirn umstellen muß, um dieses Defizit auszugleichen. Weniger häufig kommt dagegen die andere, für Linkshänder typische Anordnung vor, bei der entweder die jeweiligen Funktionen der beiden Hirnhälften vertauscht sind oder aber in beiden Hemisphären repräsentiert sind. Auch bei diesen Menschen kann es vorkommen, daß entweder eine der funktionalen Organisation des Gehirns entsprechende Interaktion mit der Umwelt erfolgt oder aber daß die Art der Interaktion nicht mit der funktionalen Organisation des Gehirns übereinstimmt (wenn beispielsweise die Linkshändigkeit unterdrückt wird) bzw. daß ein Trauma die Verteilung der Funktionen, die bei diesen Kindern gerade erst in Gang gekommen ist, noch komplizierter gestaltet.

Nadia war Linkshänderin. Die rasch aufs Papier geworfenen Zeichnungen hatte sie tatsächlich mit der linken Hand ausgeführt, wie es für einen außerordentlich begabten Künstler zu erwarten war. Mit den in diesem Fall angewandten neuropsychophysiologischen Verfahren war nicht festzustellen, ob bei Nadia für die Sprache die linke Hemisphäre und für die visuellräumliche Funktion die rechte dominierend war. Sicher ist, daß Nadia ihre visuellen Vorstellungen mit Hilfe ihrer linken Hand auf Papier umsetzte. Die EEG-Diagramme wiesen zwar eine gewisse Anomalie auf, boten jedoch für sich genommen noch keinen Anhaltspunkt für einen Hirnschaden. In Anbetracht der Tatsache, daß diese Anomalie mit einer motorischen Retardierung einherging, sowie aufgrund der übrigen Ergebnisse der Stoffwechsel- und der endokrinologischen Untersuchungen und angesichts ihrer körperlichen Erscheinung ging man davon aus, daß bei Nadia ein minimaler Hirnschaden, wenn auch unbekannter Ursache, vorlag. Diese Ausgangssituation war natürlich nicht der Grund für ihre enormen künstlerischen Fähigkeiten und auch nicht für ihren Autismus. Vielleicht kam Nadia mit einer bilateralen Verteilung der Funktionen in den beiden Hirnhälften zur Welt, wie dies bei Linkshändern oft vorkommt. Möglicherweise hat dies dazu geführt, daß die beiden Funktionen der Sprache und der visuellen Wahrnehmung sozusagen in Konkurrenz zueinander getreten sind. Die Überwindung dieser Konkurrenzsituation wurde zusätzlich noch durch einige weitere Faktoren erschwert: ein wenn auch minimaler Hirnschaden verzögerte die psychomotorische Entwicklung Nadias, was wiederum eine unangemessene Reaktion der Umwelt auslöste, die angesichts der besonderen familiären Umstände, unter denen das Kind aufwuchs, verständlich sein mag. Man sprach Englisch mit Nadia, obgleich die ersten wenigen, später in Vergessenheit geratenen Worte Ukrainisch gewesen waren und alle übrigen Familienmitglieder Ukrainisch sprachen. Als durch eine Phase besonderer Zuwendung und Wärme das Innenleben Nadias wieder aktiviert wurde, löste sich die Konkurrenzsituation nicht zugunsten der Sprache, sondern führte dazu, daß Nadia phänomenale Zeichnungen produzierte.

Dies sind natürlich nur Hypothesen über die Ursachen für die außergewöhnliche Entwicklung des Zeichentalents bei einem kleinen, dreieinhalbjährigen Mädchen, dessen Leben von Anfang an schweren Belastungen ausgesetzt war aufgrund einer Reihe unglücklicher Umstände: nämlich der besonderen Gehirnorganisation, mit der sie zur Welt gekommen war, eines minimalen Hirnschadens und einer nicht gerade förderlichen Familiensituation.

Nadia stellt ein Beispiel für eine erstaunliche Form der Interaktion eines außergewöhnlichen Gehirns mit seiner Umwelt dar. Das bei ihr in so extremer Weise realisierte Verhältnis zwischen sprachlichen und visuellen Äußerungen findet sich, allerdings bis zu einem gewissen Grad in unterschiedlicher Ausprägung, auch bei denjenigen wieder, die sich der Kunst bedienen, um mit ihrer Umwelt zu kommunizieren. Diese Gruppe macht zwar den zahlenmäßig kleineren, deshalb aber nicht weniger bedeutenden Teil der Bevölkerung aus, verglichen mit jenen, die sich zur Kommunikation mit ihrer Umwelt der Worte bedienen.

Welches Gehirn spricht?

Genie

Nadia hatte vermutlich schon von Geburt an ein außergewöhnliches Gehirn, hinzu kamen aber noch Komplikationen in den ersten Lebensjahren. Dagegen war das Gehirn von Genie, einem 1957 geborenen amerikanischen Mädchen, sozusagen normal, das heißt die linke Hirnhälfte war auf die Sprache spezialisiert und die rechte Hand dominierte. Dieses Gehirn traf jedoch fatalerweise auf eine familiäre Situation, die in der Tat außergewöhnlich war.

Die Mutter von Genie hatte vor deren Geburt bereits drei Kinder zur Welt gebracht. Das erste Kind (ein Mädchen) starb nach zweieinhalb Monaten an Lungenentzündung: Der Vater hatte sie, um ihr Weinen nicht mit anhören zu müssen, in die Garage eingeschlossen. Das zweite Kind (ein Junge) starb bereits nach zwei Tagen: Es war an seinem eigenen Schleim erstickt. Das dritte Kind (ein Junge) überstand die ersten Monate und gedieh recht gut, aber auf Anweisung ihres Mannes unterdrückte die Mutter bei ihm jedes Weinen und jegliche Bewegung. Dies führte dazu, daß dieses Kind schon bald eine psychomotorische Retardierung aufwies, und erst nach einer Phase der Ruhe bei seiner Großmutter mütterlicherseits erholte es sich etwas.

Auch Genie, die normal zur Welt gekommen war, gedieh in den ersten Monaten ihres Lebens gut, aber nach einem Jahr kam es zu einem drastischen Gewichtsverlust. Im Alter von 14 Monaten erkrankte sie an Lungenentzündung und wurde von einem Kinderarzt untersucht, der eine psychomotorische Retardierung feststellte. Der Vater hielt es daraufhin für geboten, Genie in weitestgehender Isolation zu halten. Die familiäre Situation verschlimmerte sich noch, als die Großmutter väterlicherseits von einem Lastwagen überfahren wurde und starb. Der Vater veranlaßte die Familie, in sein Elternhaus umzuziehen, und Genie bekam einen kleinen Raum zugewiesen. Hier mußte sie viele Jahre an einen Stuhl gefesselt zubringen, so daß sie kaum Hände und Füße bewegen konnte. Manchmal wurde sie nachts in ein kleines Bett gelegt und konnte sich endlich etwas ausstrecken. Aber sie steckte in einer Art Zwangsjacke, und das Bett sah wie eine Wiege aus, die ringsum von einem Drahtgitter umgeben war, auch nach oben hin. Das Zimmer Genies durfte lediglich betreten werden, um ihr ein wenig zu Essen zu bringen: Kindernahrung, Brei oder höchstens ein gekochtes Ei. Im Hause hatte absolute Stille zu herrschen; es gab weder Radio noch Fernsehen. Anfangs gab Genie einige Laute von sich, woraufhin der Vater jedoch ins Zimmer kam und sie schlug. Der Stock stand gut sichtbar für Genie in einer Ecke des Raumes, um sie daran zu erinnern, daß sie sich nicht mucksen durfte. Einige Laute konnte Genie hören, und zwar die Geräusche im Bad, das sich neben ihrem Zimmer befand, vor allem jedoch die Laute, die ihr Vater hinter ihrer Tür produzierte, um ihr Angst einzujagen, und die wie das Knurren eines Hundes klangen. Da sich das Zimmer auf der anderen Seite des Hauses befand, konnte Genie nicht einmal die Geräusche von der Straße hören. Überaus spärlich waren auch die visuellen Reize. Durch eine kleine Öffnung oben an den Fenstern des Raumes konnte sie vielleicht ein Stück Himmel sehen. Es gab keine Bilder an der Wand, die einzigen Möbel waren der Sessel und das kleine Bett. Die Mutter wurde von ihrem Mann geschlagen und konnte praktisch nichts gegen diesen Terror unternehmen. Die wenigen Verrichtungen für Genie wurden dem Bruder übertragen, der jedoch vom Vater dazu gezwungen wurde, sich ebenso zu verhalten wie er selbst, nämlich wie ein knurrender und zähnefletschender Hund. Der Vater ging davon aus, daß Genie im Alter von 12 Jahren sterben würde. Er war bereit, ihr Pflege angedeihen zu lassen, wenn sie länger überleben sollte.

Als Genie jedoch das zwölfte Lebensjahr erreicht hatte, wurde dieses Versprechen nicht gehalten. Die unterdessen erblindete Mutter war nicht einmal mehr in der Lage zu telefonieren, um Hilfe zu erbitten, und ihr Mann verbot ihr sogar, ihre in der Nähe lebenden Eltern anzurufen. Erst ein Jahr später kam es zu einem furchtbaren Streit zwischen den beiden, und die Mutter konnte durchsetzen, daß ihre Angehörigen verständigt wurden. Genie und ihre Mutter zogen in das Haus der Großmutter mütterlicherseits. Einige Wochen später wurde der Mutter empfohlen, sich an eine Blindenfürsorgeinstitution zu wenden. Als sie sich zusammen mit Genie auf den Weg dorthin machte, betrat sie das falsche Gebäude und traf dort auf zwei Angestellte, denen der Zustand des Kindes auffiel. Sie stellten einige Fragen an die Mutter, erfaßten sofort die Situation und riefen die Polizei. Genie wurde wegen Unterernährung in eine Klinik eingeliefert (mit ihren dreizehneinhalb Jahren wog sie ganze 27 Kilo). Am Tage seines Prozesses nahm sich der Vater das Leben und hinterließ einen Zettel mit der Aufschrift: »The world will never understand«.

Diese unglaubliche Geschichte, die 1970 in einer florierenden Stadt des hochentwickelten Staates Kalifornien aufgedeckt wurde, haben wir dem Buch der Psychologin Susan Curtiss entnommen, in dem die an Genie vorgenommenen neuropsychologischen Untersuchungen sowie die Etappen ihrer Rehabilitation geschildert werden. Der Fall erinnert an die zahlreichen anderen Geschichten von Kindern, die ausgesetzt wurden und später wieder aufgetaucht sind: Diese sogenannten »wilden Kinder« oder »Wolfskinder« sind in Wäldern aufgewachsen und haben sich irgendwie ernährt, vielleicht von der Milch einer Wölfin (wie in der Legende von Romulus und Remus berichtet wird), und sind dann irgendwann wieder in die menschliche Gesellschaft zurückgekehrt mit allen Symptomen schwerster sensomotorischer und psychischer Störungen. Diese Fälle sind in der Vergangenheit, insbesondere im 18. und im 19. Jahrhundert, bei den Wissenschaftlern auf großes Interesse gestoßen, weil man glaubte, daß sie zum besseren Verständnis der Rolle beitragen könnten, die der Erziehung, der Ausbildung und allgemein der Gesellschaft bei der psychischen Entwicklung des Individuums zukommt, oder daß sie eine Antwort auf die Frage böten, ob dem Menschen bei seiner Geburt die wichtigsten Begriffe bereits mitgegeben sind oder ob er sie durch Erziehung erwirbt. So wurde Kaspar Hauser (jener 1828 in Nürnberg aufgetauchte »Wolfsjunge«, dessen Leben Werner Herzogs Film »Jeder für sich und Gott gegen alle« so eindrucksvoll schildert) zum Beispiel gefragt, ob er eine Vorstellung von Gott habe. Nach damals herrschender Auffassung hätte er eine derartige Vorstellung von Geburt an in sich tragen müssen. Aber Kaspar, der rund 17 Jahre lang ohne irgendwelche sozialen Kontakte in einem dunklen Kellerloch zugebracht hatte, gab darauf folgende Antwort: »Zuerst einmal muß ich versuchen, *die Dinge, die ich sehe*, besser zu verstehen. Dann kann ich auch alles andere verstehen.« (Hervorhebung L. M.)

Im Gegensatz zu den beiden Fällen des Kaspar Hauser bzw. des ebenfalls sehr bekannten »wilden Knaben von Aveyron« (der 1798 im Alter von elf Jahren in Frankreich aufgetaucht ist und dessen Geschichte in dem Buch des Arztes Jean Itard erzählt wird, das vor einiger Zeit von Truffaut sehr schön verfilmt wurde) bietet Genies Fall den Vorzug, mit modernen neuropsychologischen Untersuchungsverfahren angegangen worden zu sein, wobei die neuesten Erkenntnisse über die funktionale Organisation des Gehirns zugrundegelegt wurden.

Bei Genie haben wir es nicht wie bei Nadia mit einem Kind zu tun, das sich zurückzieht. Sie ist wißbegierig und lebhaft; aber sie kann sich kaum auf den Beinen halten und bewegt sich nur mit Mühe vorwärts. Da sie nie feste Nahrung zu essen bekommen hat, kann sie nicht kauen. Sie kann Stuhlgang und Harn nicht kontrollieren. Da sie in einem eng umgrenzten

Raum gelebt hat, reicht ihr Sehvermögen nicht weiter, als die Tür in ihrem früheren Zimmer entfernt war (wer den Film von Werner Herzog gesehen hat, wird sich an den Dialog zwischen Kaspar und seinem Lehrer erinnern, bei dem es um die verzerrte Wahrnehmung von Entfernungen im Raum geht, die durch die lange Einschränkung auf ein begrenztes Blickfeld bedingt ist). Genie möchte gerne kommunizieren, aber sie weiß nicht, wie sie das tun soll. Mit ihrem Mund vermag sie keinen Laut hervorzubringen. Sie setzt ihren Körper ein, um Laute von sich zu geben (sie kratzt an Gegenständen, trampelt mit den Füßen).

In der Klinik hatte man den Eindruck, daß Genie manches verstehen könne. Sie war nämlich sehr aufmerksam, wenn man mit ihr sprach, aber es sah so aus, als ob sie die Gesten oder irgendwelche anderen Signale (ein Lächeln oder vielleicht den Ausdruck der Augen) beobachtete, um zu verstehen, was man ihr sagen wollte. Nachdem Genie im November 1970 in die Klinik eingeliefert worden war, waren bereits Mitte 1971 deutliche Fortschritte ihrer körperlichen Verfassung und ihrer sozialen Beziehungen zu verzeichnen. Genie war äußerst aufmerksam und versuchte, alles möglichst schnell zu lernen. Es gibt viele kleine Begebenheiten aus der Zeit ihres Klinikaufenthaltes, die darauf hindeuten, wie groß ihre Wißbegier war. Wenn man sie zu einem Spaziergang oder zu einem Besuch ausführte, fühlte sie sich besonders von den Türen der Häuser angezogen. Voller Erwartung blieb sie davor stehen, sie, die so viele Jahre hindurch annehmen mußte, daß es hinter der Tür ihres kleinen Zimmers eine andere Welt geben müsse. Was ihr sehr gefiel, waren die großen Kaufhäuser; sie betrachtete alles ganz genau, viele Minuten lang, besonders die bunten Plastikgegenstände.

Im Sommer 1971 kam Genie zu einer Familie in Pflege, bei der sie zwei Brüder, eine Schwester, einen Hund, eine Katze und ein kleines Zimmer und ein Bad ganz für sich allein bekam. Das Verhalten Genies anderen Menschen gegenüber war keineswegs unkompliziert, aber die neue Familie war bereit, ihr

Verständnis entgegenzubringen und sie in ihrer Entwicklung zu fördern und sie zu unterstützen. Das einzige Problem war der Hund, vor dem sie wahnsinnige Angst hatte. Da der Grund hierfür nicht bekannt war, nahm man an, diese panische Angst vor dem Hund sei irrational bedingt. Es gelang der Familie jedoch innerhalb weniger Tage, Genies Angst vor dem Hund abzubauen: Sie rannte nun nicht mehr weg, sondern streichelte ihn sogar und gab ihm zu Fressen. Einige Monate später fand die Pflegemutter Genie regungslos wie versteinert vor dem Bild eines Wolfes. Von der Mutter Genies versuchte man herauszufinden, ob es einen Grund für diese furchtbare Angst gab, und es stellte sich heraus, daß der Vater sich wie ein wilder Hund aufzuführen pflegte. Trotzdem gelang es Genie, die Angst vor dem kleinen Hund im Hause zu überwinden, womit sie erneut ihren großen Willen zur Veränderung unter Beweis stellte.

Die Sprache der rechten Hirnhälfte

Als man Genie entdeckt hatte und feststellte, daß sie nicht sprechen konnte, standen die Psychologen, die ihre Behandlung übernehmen sollten, vor einem großen Problem. Bedeutende Wissenschaftler, die sich mit dem Spracherwerb befaßt hatten, waren zu der Auffassung gelangt, diese typisch menschliche Fähigkeit entwickle sich aufgrund der Interaktion zwischen dem Gehirn des Menschen (das genetisch bedingt die Anlage zum Sprechen besitzt) und seinem sozialen Umfeld. Diese Interaktion müsse innerhalb eines bestimmten Zeitraumes erfolgen, der etwa auf die Jahre zwischen dem zweiten Lebensjahr und der Pubertät anzusetzen sei. In dieser Zeit entwickle sich im Gehirn die Fähigkeit, mit der Umwelt zu interagieren und sich der Sprache zu bedienen. Wenn jedoch die Umwelt nicht in dieser Zeit in Aktion trete, sondern lediglich vor dem zweiten Lebensjahr bzw. erst nach der Pubertät, dann sei das Gehirn nicht mehr in der Lage, seine verbalen Fähigkeiten zu entwickeln. Bei Genie war es offenbar so, daß sie vor dem zweiten Lebensjahr begonnen hatte, einige Wörter hervorzubringen, danach war es jedoch zu einer nahezu vollständigen sprachlichen Deprivation von Seiten der Umwelt gekommen. Der herrschenden Lehrmeinung zufolge hätte für Genie also keine Möglichkeit mehr bestanden, die Sprachfähigkeit zu erwerben. Und doch lernte sie es nach und nach, Wörter zu verstehen und mit ihnen allmählich ihre Wißbegier und ihre Bedürfnisse zum Ausdruck zu bringen. Die Psychologen fragten sich, wie es wohl gekommen sein mochte, daß es Genies Gehirn trotz des Fehlens entsprechender Umweltreize gelungen war, eine Fähigkeit zu erwerben, von der man angenommen hatte, die Gelegenheit zu ihrem Erwerb sei unwiderruflich vorüber.

Genie ist, so hat es jemand formuliert, ein Mensch, der »mit der rechten Hirnhälfte denkt«. So erzielte Genie bei vielen Tests zur Feststellung ihres Sehvermögens, bei denen, wie man annimmt, die rechte Hirnhälfte aktiviert wird, stets bessere oder jedenfalls keine schlechteren Werte als andere Kinder ihres Alters. Ihre Fähigkeit, Gesichter wiederzuerkennen, war sogar ganz phänomenal. Sie konnte einen Menschen wiedererkennen, dem sie längere Zeit zuvor zufällig begegnet war oder den sie nur auf einem Foto zu Gesicht bekommen hatte. Einer der Tests, der denjenigen sehr schwerfällt, die eine Verletzung der rechten Hemisphäre aufweisen, besteht eben darin, Abbildungen von Gesichtern zu erkennen (vgl. Abb. 9). In diesem Test schnitt Genie dermaßen gut ab und erreichte eine so hohe Punktezahl, wie dies wohl noch nie bei einem »normalen« Menschen der Fall gewesen ist, und zwar weder bei Erwachsenen noch bei Kindern. Auf der anderen Seite war die Sprache, die Genie allmählich erlernte, keineswegs vollkommen. Sie glich der Sprache jener Erwachsener, die sich einer operativen Entfernung der linken Hirnhälfte hatten unterziehen müssen. Diese Menschen müssen versuchen, mit Hilfe der rechten Hirnhälfte die eingebüßten Funktionen zu kompensieren. Ihr Gehirn unterscheidet sich somit von demjenigen, das sie vorher besaßen; sie haben also ein anderes Gehirn, das ne-

Abb. 9: Von C. Mooney für seine Experimente zur Erkennung von Gesichtern verwendete Abbildungen menschlicher Gesichter. Der Betrachter hat die Aufgabe herauszufinden, ob es sich bei einem abgebildeten Gesicht um das eines Mannes oder einer Frau, eines jungen oder eines alten Menschen oder eines Kindes handelt.

ben seinen ursprünglichen visuell-räumlichen Funktionen nun auch noch die neuen sprachlichen Funktionen übernehmen muß. Kennzeichnend für diese »Rechtshirner« ist die Tatsache, daß sie die einzelnen Wörter besser beherrschen, als die syntaktischen Regeln, daß sie den Sinn eines Satzes besser erfassen als dessen syntaktische Konstruktion und eher in der Lage sind, Sprache zu verstehen, als Sprache zu produzieren. So konnte Genie etwa sagen: »Klinik nicht bleiben«, oder: »Einkaufen nicht gehen«; Grammatik und Syntax waren zwar nicht sehr hoch entwickelt, dennoch konnte sie ihre Wünsche zum Ausdruck bringen. Die rechte Hemisphäre hatte also den eigentlich kommunikativen Aspekt der Sprache übernommen, für den normalerweise die linke Hemisphäre zuständig ist; dabei hatte sie allerdings ihre eigenen spezifischen Fähigkeiten eingebüßt, nämlich die sprachliche Kommunikation indirekt zu modifizieren.

Es scheint also so zu sein, daß die rechte Hemisphäre die emotionalen und affektiven Aspekte der Sprache steuert, indem durch die Intonation eines Wortes z.B. Abneigung oder Zuneigung zum Ausdruck gebracht wird. »Guten Tag« kann man auf ganz unterschiedliche Weise sagen und damit dem anderen den eigenen Seelenzustand signalisieren. Die rechte Hemisphäre ist offenbar darauf spezialisiert, diese verschiedenen

Intonationen, diese Nuancen zu erfassen, die über die eigentliche Wortbedeutung hinausgehen, die an sich in allen Situationen die gleiche ist, aber je nachdem, wie das Wort ausgesprochen wird, auch recht unterschiedlich sein kann. Genie hatte die Sprache gelernt, sie konnte sagen: »Genie Hunger«, »Genie Klo«, sie vermochte jedoch noch nicht mit den Wörtern jenen emotionalen Gehalt, die impliziten Bedeutungen, zu übermitteln, die ein Wort annehmen kann. Der große sowjetische Psychologe Wygotski hat ein wunderbares Buch über die Beziehungen zwischen *Denken und Sprechen* geschrieben, das 1934 erschien, wenige Monate nachdem er im Alter von nur 38 Jahren gestorben war. In diesem Buch heißt es, die höchste Bedeutung der Sprache des Menschen liege eben darin, daß durch das Wort ein verborgener Sinn übermittelt wird, sei es nun Liebe oder irgendein anderes Gefühl. Wygotski zitierte einen Abschnitt aus *Anna Karenina* von Tolstoi, der zeigt, wie für zwei Menschen, die miteinander sprechen und genau wissen, worüber sie sprechen, wenige Wörter oder sogar einzelne Buchstaben ausreichend sein können, um sich zu verstehen. Der verborgene Sinn eines Satzes kann mit Hilfe der Intonation durch die Stimme übermittelt werden, wie auch durch ein bestimmtes Wort, das nur die beiden Gesprächspartner kennen.

»Niemand hatte deutlich gehört, was er (der sterbende Nikolai Lewin) gesagt hatte, nur Kitty hatte erfaßt, was er meinte. Sie hatte es verstanden, weil ihre Gedanken fortwährend darauf gerichtet waren, was er wohl gerade nötig haben möge« (Tolstoi). Wir könnten sagen, daß in ihrem Denken, das dem Denken des Sterbenden folgte, dasjenige Subjekt war, auf das sich sein von niemand verstandenes Wort bezog. Das bemerkenswerteste Beispiel dürfte jedoch Kittys und Lewins Liebeserklärung mit Hilfe der Anfangsbuchstaben von Wörtern sein. »Ich wollte Sie schon lange etwas fragen« ... »Fragen Sie, bitte!« »Bitte, sehen Sie her«, sagte er und schrieb folgende Anfangsbuchstaben: A, S, m, a; E, k, n, s, b, d, n, o, n, d? Diese Buchstaben bedeuten: »Als Sie mir antworteten: ›Es kann nicht sein‹, bedeutete das *niemals* oder nur *damals*?« Es war höchst unwahrscheinlich, daß sie diesen langen Satz sollte verstehen können ... »Ich habe es verstanden«, sagte sie endlich errötend. »Was ist das für ein Wort?« fragte er und zeigte auf das n, das ›niemals‹ bedeutete. »Dieses Wort heißt ›niemals‹«, antwortete sie. »Aber dieses Wort sagt nicht die Wahrheit.« (Wygotski 1964, S. 330 f.)

Genie hatte sprechen gelernt, aber es war nur ein automatisches Sprechen, ein Frage- und Antwortspiel. Es war die Sprache einer Maschine, eines Affen, der sagen kann: »Banane Teller legen«, wie vor einiger Zeit in den Vereinigten Staaten jene Schimpansen, die gelernt hatten, um Futter zu bitten und sich hierzu der Wörter des Menschen zu bedienen. Genie hatte also sprechen gelernt, aber es war nicht die Sprache, die man von den Eltern, den Lehrern lernt, bei der das Lernen der Wörter dem ganz allmählichen Aufbau von Beziehungen zu den Mitmenschen in Familie und Schule entspricht. Genie wird es nie lernen, ihre Gefühlswelt durch die Sprache zu vermitteln, was nicht heißen soll, daß sie innerlich leer wäre oder nicht über ihr Leben und die ihr nahestehenden Menschen reflektieren würde.

An das Ende dieser traurigen, aber zugleich auch ermutigenden Geschichte, die uns lehrt, wieviel die Kraft eines zarten kleinen Mädchens vermag, wenn es für sie darum geht, sich seine Welt zu erobern, möchte ich zwei Zeichnungen stellen, die in dem Buch von Genies Psychologin Susan Curtiss zu Recht am Anfang und am Ende stehen. Abb. 10 zeigt eine Anfang 1977 entstandene Zeichnung. Zuerst zeichnete Genie nur die große Figur, die Mutter, und schrieb darunter: »I miss Mama.« Dann zeichnete sie gleich weiter und ergriff, als sie fertig war, die Hand ihrer Psychologin und bat sie »Baby Genie« zu schreiben. Dann zeigte sie auf den linken Arm der Mutter, sagte »Mama hand« und schrieb dies nach Diktat darunter, einen Buchstaben nach dem anderen. Dann lehnte sich Genie zurück und betrachtete lange voller Zufriedenheit diese Zeichnung von sich und ihrer Mutter: Der Kreis um ihre Kindheit hatte sich endlich geschlossen. Das andere Bild stammt aus dem Jahre 1975 (Abb. 11). Genie sagte: »Curtiss spielen Klavier.« Genie liebte es, Susan Klavier spielen zu hören, sie stand

Abb. 10: Zeichnung von Genie und ihrer Mutter.

wie hypnotisiert vor ihr und lauschte der Musik, die sie nie zuvor gehört hatte; aber es mußte klassische Musik sein. Wenn Susan etwas anderes spielte, nahm Genie ihr die Hände von der Tastatur und gab ihr eine Partitur von der Musik, die ihr zusagte. Die Zeichnungen Genies sind nicht so raffiniert wie die von Nadia, aber diese nicht minder eindrucksvollen Figuren, die sich aus dem Gewirr von Strichen abheben, legen den Gedanken an ein gemeinsames Schicksal nahe.

Aus den vielen Tests, denen Genie unterzogen wurde, ging hervor, daß sich bei ihr die sprachlichen Vorgänge tatsächlich eindeutig in der rechten Hemisphäre vollzogen. Die linke Hemisphäre, die während der entscheidenden Phase ihres Lebens nicht aktiviert worden war, reagierte nicht mehr auf die sprachlichen Umweltreize. Die Sprache war damit zur Domäne der rechten Hemisphäre geworden, allerdings mit den bereits erwähnten Einschränkungen. Was es bedeuten kann, die eine Hälfte des Gehirns einzubüßen und sich der übrigen, intakt gebliebenen Teile des Gehirns bedienen zu müssen, um sich in sei-

Abb. 11: Zeichnung von Genie und Susan Curtiss am Klavier.

nem Alltagsleben zurechtzufinden, läßt sich aus den Berichten jener Menschen ablesen, die unversehens in diese mißliche Lage geraten sind.

Wie viele Fortschritte verdankt die Erforschung des menschlichen Gehirns nicht den Hirnverletzten des Ersten und Zweiten Weltkrieges bzw. des Vietnamkrieges! Einer von diesen, ein russischer Soldat, der gegen die Deutschen gekämpft hatte, trug 1943 eine Verletzung des hinteren Teils der linken Hemisphäre davon. Jahrzehnte hindurch, schon von der ersten Zeit seines Aufenthaltes im Lazarett an der Front an, wurde er von dem Neuropsychologen Luria behandelt. Entscheidender noch als die Behandlung durch Luria war vermutlich der Wille dieses Soldaten namens Zasetskij, die tragischen Geschehnisse zu rekonstruieren, und er bemühte sich herauszufinden, was eigentlich mit seinem Gehirn passiert war. Die Gedanken stürmten auf ihn ein und verwirrten ihn, es gelang ihm nicht, sie zu ordnen oder ihnen einen logischen Sinn zu verleihen. Wenn man mit ihm sprach, verstand er einen nicht, wenn er sprechen wollte, einnerte er sich nicht an die hierzu erforderlichen Wörter und vermochte es nicht, die Wörter miteinander zu verbinden. Und dennoch hat dieser Mann in einem kleinen Dorf überlebt, dessen Straßen ihm einst so vertraut gewesen waren und wo er sich nur noch mit Mühe zurechtfand; Orientierungshilfe bot ihm allerdings sein kleines, im Laufe der Jahre vergilbtes Heft, in dem er seine Geschichte aufzeichnete, und zwar mit den Wörtern, die er in seinem Kopf zu finden vermochte:

»Seit dem Augenblick, in dem ich verwundet wurde, lebe ich ein unbegreifliches Doppelleben. Auf der einen Seite träume ich, plötzlich ein unnormaler, fast völlig analphabetischer, fast blinder, kranker Mensch geworden zu sein (...) Er begann, ganz anders zu denken, nämlich: daß ein Mensch nicht lange träumen kann, vor allem, wenn man weiß, daß die Jahre eines nach dem anderen verfliegen (...) Ich glaube allmählich, daß das ein Traum ist, was ich sehe, ein schrecklicher Traum! Aber ich habe auch das Gegenteil gedacht: Dies ist kein Traum, sondern die Folge meiner Kopfverletzung! Und deswegen ist es nötig, alle Buchstaben neu zu lernen, um Bücher lesen zu können (...). Es fiel mir schwer, an die Wirklichkeit zu glauben, aber ich hoffte, aus meinem Traum zu erwachen (aber ist das denn ein Traum?) (...) Dieser Traum dauert zu lange; in Wirklichkeit gibt es ihn nicht. Die Jahre vergehen schnell und ich merke das. Aber wenn das kein Traum ist, sondern der Wachzustand, warum tut dann mein Kopf noch so weh und rumort so sehr und dreht sich mir alles?«

Das polyglotte Gehirn

Der eine entdeckt, wie wir es bei Genie gesehen haben, die Sprache mit Hilfe der rechten Hirnhälfte, ein anderer verfällt wie Zasetskij durch den Verlust der linken Hirnhälfte in einen Traum. Zweifellos ist die Tatsache, daß es zwei Hirnhälften oder, wie man auch sagen kann, zwei Gehirne gibt, unabdingbare Voraussetzung dafür, daß die Sprache in unserem Leben eine derart zentrale Rolle für die Kommunikation mit anderen

Menschen, für die Organisation unserer Gedanken, für die Mitteilung unserer Gefühle übernehmen konnte. Die Interaktion zwischen den beiden Hemisphären scheint jedoch vor allem dann unerläßlich, wenn man zwei oder mehr Sprachen spricht. Zum Sprechen mag vielleicht eine Hirnhälfte ausreichen, um mehr als eine Sprache zu sprechen, bedarf es aber offensichtlich aller beider.

Früher schenkte man den wenigen Fällen zwei- oder mehrsprachiger Menschen, die einen Hirnschaden erlitten hatten, nur wenig Aufmerksamkeit. Im allgemeinen handelt es sich dabei um Menschen mit einer bewegten Lebensgeschichte (Einwanderer, politische Flüchtlinge, viele der während des Dritten Reiches aus Deutschland emigrierten Juden). Aufgrund ihrer Lebensumstände sahen sie sich dazu veranlaßt, im Kindes- oder auch im Erwachsenenalter eine andere Sprache zu erlernen, um in einer neuen, oftmals feindseligen Welt überleben zu können. Die Anzahl dieser Fälle ist natürlich außerordentlich groß, und die jeweiligen Umstände sind sehr unterschiedlich. Mancher lernt als Kind eine neue Sprache, etwa ein Sohn italienischer Einwanderer, der Amerikanisch lernt, aber zu Hause weiterhin seine Muttersprache spricht. Andere lernen als Erwachsene eine zweite Sprache, wobei wiederum zu unterscheiden ist zwischen denen, die keine Gelegenheit mehr haben, ihre Muttersprache zu sprechen, und denjenigen, die ständig mal die eine, mal die andere benutzen. Die Auswirkungen, die Hirnschäden bei diesen zwei- oder mehrsprachigen Menschen haben können, sind je nach den besonderen Umständen und der jeweiligen Lebensgeschichte ganz unterschiedlich.

Erst in jüngster Zeit haben Albert und Obler mit ihrer Untersuchung *The Bilingual Brain* etwas Ordnung auf diesem Gebiet der Hirnforschung geschaffen. Sie haben nämlich die gesamte Kasuistik der Aphasie, also der Sprachstörungen, bei mehrsprachigen Patienten sowie die Ergebnisse der mit normalen Individuen durchgeführten Experimente aufgearbeitet. Ein wichtiges Faktum ist die Tatsache, daß eine Verletzung der rechten Hemisphäre nur bei 1–2 Prozent der einsprachigen, aber bei immerhin 10 Prozent der zweisprachigen Probanden Sprachstörungen hervorgerufen hatte. Dies zeigt, daß die rechte Hemisphäre offenbar ein wichtiges, ja geradezu unabdingbares Instrument für den Erwerb und die Produktion einer neuen Sprache darstellt. Es scheint sogar so zu sein, daß sie möglicherweise für die eine Sprache dominierend ist, während die linke Hemisphäre für eine andere Sprache zuständig ist. Hierbei kann es nun vorkommen, daß zwischen diesen beiden Sprachen, etwa dem Englischen oder dem Hebräischen bzw. dem Englischen und dem Chinesischen, Unterschiede bestehen hinsichtlich der Lesestrategien (das Hebräische wird im Gegensatz zum Englischen von rechts nach links gelesen) bzw. hinsichtlich der Schreibweise (das Chinesische wird mit einer Bilderschrift geschrieben, während das Englische, wie die allermeisten Sprachen, mit einem aus einer beschränkten Anzahl von Zeichen bestehenden Alphabet geschrieben wird). Der Unterschied kann darüber hinaus auch phonologischer Art sein, wie beim Französischen im Vergleich zum Englischen. In all diesen Fällen entwickelt sich eine für den Erwerb der jeweiligen neuen Sprache erforderliche besondere Hirnorganisation. Diese Organisation hängt davon ab, welche spezifischen Charakteristika die Sprachen aufweisen, die im Gehirn dieses mehrsprachigen Menschen interagieren, ob sich ihre Phonologie oder Schreibweise gleicht oder unterscheidet. Von all diesen Faktoren sind auch die Auswirkungen der Verletzungen abhängig, da diese je nach den vorliegenden Gegebenheiten, dem Typus der beteiligten Sprachen, der vor der Verletzung bestehenden Hirnorganisation, ganz unterschiedlich aussehen können. Entsprechend verläuft der Rehabilitationsprozeß in ganz unterschiedlicher Weise.

Aufschlußreich ist z.B. der Fall eines deutschen Geschäftsmanns, der neben seiner Muttersprache Französisch, Englisch, Spanisch und Russisch sprach. Im Alter von 40 Jahren trug er eine Verletzung der linken Hirnhälfte davon und zeigte Sprachstörungen. Überraschenderweise jedoch war die erste Sprache, die er wieder sprechen konnte, das Englische, eine Sprache, die er seit zwanzig Jahren nicht mehr gesprochen hatte, und erst zu einem späteren Zeitpunkt fing er wieder an, Spanisch und Deutsch zu sprechen; von da ab ging die Beherrschung des Englischen wieder zugunsten der Muttersprache zurück. Andere Menschen dagegen lernen zuerst ihre alte Muttersprache wieder, auch wenn sie diese lange Zeit nicht mehr benutzt haben. Bei den mehrsprachigen Menschen sind die in ihrem Gehirn ablaufenden Prozesse also ganz offenkundig sehr komplex. Roman Jakobson, einer der bedeutendsten zeitgenössischen Sprachwissenschaftler, berichtete nach einem Autounfall, er habe, »ohne daß es dafür irgendeinen Anlaß gegeben hätte, völlig automatisch« alles, was er dachte, gleichzeitig in vier oder fünf Sprachen übersetzt. Dieses Gehirn, das so viele Sprachen hervorragend beherrschte, spielte offenbar verrückt.

Die Konzeption darüber, welche Beziehungen zwischen dem Gehirn und den Sprachfunktionen bestehen, wurde auf der Grundlage von Untersuchungen entwickelt, die an *einsprachigen* Gehirnen vorgenommen worden sind, d.h. also an derjenigen Gruppe, die man als die »Mehrheit der lebenden Gehirne« bezeichnen kann. Innerhalb dieser Gruppe gibt es eine andere »Untermehrheit«, bei der die linke Hemisphäre für die Sprache zuständig ist, während bei einer Minderheit entweder die rechte Hemisphäre oder auch beide Hirnhälften gleichzeitig diese Funktion übernehmen können. Aber diese Konzeption, die für die Mehrheit der Menschen einigermaßen gesichert ist, entspricht im Hinblick auf mehrsprachige Menschen nicht den Gegebenheiten. Bei ihnen übernimmt nämlich die rechte Hemisphäre einen wesentlichen Teil der Sprachfunktionen. Sprechen, Lesen und Schreiben sind Prozesse, die eine Organisation des Gehirns voraussetzen, welche in ganz unterschiedlicher Weise realisiert werden kann, wobei manche Konstellationen freilich häufiger vorkommen als andere. Was bei der Erforschung des menschlichen Gehirns künftig unbedingt Berücksichtigung finden muß, ist die individuelle Variable. Ein Mensch lernt mehrere Sprachen, warum aber tut er dies? Vielleicht sieht er sich hierzu durch äußere Umstände gezwungen

(Emigration, Konzentrationslager, Exil), vielleicht geschieht dies aber auch aus eigenem Antrieb zur Erweiterung seines Horizontes, auf jeden Fall sind es stets ganz bestimmte soziale und kulturelle Gegebenheiten, die das Gehirn des Betreffenden dazu veranlassen, die erforderliche funktionale Neuorganisation vorzunehmen.

Zwar kann man das menschliche Gehirn unter streng genetischen Gesichtspunkten betrachten und dabei von seiner individuellen Geschichte und der Gesellschaft, in der es lebt, absehen; aber in dem Moment, wo dieses Gehirn spricht (oder andere psychische Funktionen in Gang kommen), vermag es nicht mehr und nicht weniger, als ihm aufgrund seiner individuellen Geschichte und der Gesellschaft, innerhalb derer es funktioniert, möglich ist. Dieses Gehirn wird keine Universalsprache, sondern einen Dialekt oder eine gehobene Sprache sprechen, es wird ein- oder mehrsprachig sein, auf alle Fälle kann man sagen, daß es durch seine individuelle und durch seine soziale Determiniertheit geprägt ist. Ein Beispiel für die engen Beziehungen zwischen der Hirnorganisation und der Kultur, der ein Mensch angehört, liefern uns die Japaner.

Das Gehirn der Japaner

Laute und Gefühle

In den vierziger Jahren wurde die berühmte Anthropologin Ruth Benedict von der amerikanischen Regierung mit einer Forschungsarbeit über die japanische Kultur beauftragt. Von diesen anthropologischen Untersuchungen erhoffte man sich nützliche Aufschlüsse für die diplomatischen und militärischen Beziehungen zwischen den Vereinigten Staaten und Japan. Das von Ruth Benedict vermittelte Bild Japans war jedoch widersprüchlich und lieferte den Nachrichtendiensten, die das Projekt finanziert hatten, vermutlich nicht die von ihnen erwarteten Informationen.

Der Titel des Buches, in dem die Ergebnisse dieser Arbeit zusammengefaßt waren, lautete *Chrysanthemum and the Sword: Patterns of Japanese Culture* (1967). Damit wird ein Volk charakterisiert, das nicht nur die Meister des Ikebana hervorgebracht hatte, sondern auch die Samurai und die Kamikaze. Weithin wird die Auffassung vertreten, die Charakteristika der japanischen Kultur wie auch die Sitten und Gebräuche dieses Volkes, die sich so grundlegend von denen der westlichen Welt und sogar von denen der übrigen Kulturen Asiens unterscheiden, seien auf die jahrhundertelange, bis ins 19. Jahrhundert hinein bestehende politische, kulturelle und soziale Isolation zurückzuführen; ferner hätten die wenigen Kontakte mit anderen Kulturen dazu geführt, daß sich das japanische Volk zu einer eigenständigen ethnischen Gruppierung entwickelt habe, die mit den für andere Kulturen geltenden Interpretationsmustern nur schwer zu erfassen sei.

Heutzutage gilt allerdings das Gehirn der Japaner als einer der wichtigsten Gründe für die bestehenden Unterschiede. Das Buch des Hirnforschers Tsunoda *Das Gehirn der Japaner. Die Gehirnfunktionen und die Kulturen in Orient und Okzident* wurde nach seinem Erscheinen 1978 zu einem großen Erfolg, weil in ihm erstmals aufgezeigt wurde, wie wichtig gezielte Untersuchungen über die Gehirnorganisation für die Erklärung der Besonderheiten der japanischen Kultur sind.

Zunächst einmal gilt es festzuhalten, daß die Spezialisierung der beiden Hirnhälften bei den Japanern nicht so aussieht, wie sie in der Regel bei Menschen in der westlichen Welt anzutreffen ist. Bei den Japanern analysiert die linke Hemisphäre zwar ebenfalls die Sprachinformationen, allerdings nimmt sie auch eine sprachliche Analyse von Reizen vor, die bei uns keine sprachliche Bedeutung haben: etwa das Rascheln der Blätter, das Rauschen der Wellen, der Gesang der Vögel, das Zirpen der Zikaden, das Bellen eines Hundes usw. Die linke Hemisphäre der Japaner ist nicht nur auf die Konsonanten spezialisiert, wie dies auch bei den europäischen Sprachen der Fall ist, sondern darüber hinaus auch auf die Analyse der Vokale, die ein ganz wesentliches Element der japanischen Sprache darstellen (»Ooo oooo o o oooo« lautet im Japanischen ein von Atuhiro Sibatani geprägtes Wortspiel, das sich in etwa folgendermaßen wiedergeben läßt: »Der König versteckt manchmal sein Gefolge«; oder man denke an japanische Eigennamen wie Aoe, Iio, Ooi, Ui, Ae). Da also die Vokale im Japanischen eine so wichtige Rolle spielen, ist es einleuchtend, daß sie von der linken Gehirnhälfte analysiert werden müssen. Für uns kann eine Folge von *u*-Lauten das Heulen des Windes bedeuten, durch einen *a*- oder einen *o*-Laut kann Erstaunen zum Ausdruck gebracht werden. Wenn die Vokale hier also nicht so sehr eine verbale, sondern vielmehr eine emotionale Bedeutung haben, werden sie bei uns durch die rechte Hirnhälfte analysiert. Im Japanischen dagegen hat die gesamte Welt der Laute, die der Natur und die der Menschen, eine verbale Bedeutung und einen Gefühlswert. Die linke Hemisphäre verarbeitet daher mehr Informationen, sowohl verbaler als auch emotionaler Art.

Die japanische Schrift

Bemerkenswert bei den Japanern ist nicht nur die Tatsache, daß von der linken Hemisphäre eine Reihe von Reizen analysiert werden, für die bei den Menschen der westlichen Welt die rechte Hemisphäre zuständig ist. Auch ihr Schriftsystem ist außerordentlich kompliziert. Bis zum 5. Jahrhundert n. Chr. besaßen die Japaner keine eigene Schrift, dann übernahmen sie diejenige der Chinesen, mit denen sie wirtschaftliche, politische und kulturelle Beziehungen aufgenommen hatten.

Die chinesische Schrift besteht bekanntlich aus Ideogrammen, also aus Bildzeichen, mit denen ein Gegenstand oder ein Begriff unmittelbar dargestellt wird. Ursprünglich waren diese Bildzeichen regelrechte Piktogramme: Die mehr oder weniger schematisierte Zeichnung eines Hauses (bestehend aus parallelen senkrechten Linien mit einem Dreieck darüber) bedeutete also tatsächlich »Haus«. Diese Piktogramme haben sich im Laufe der Zeit verändert, und zwar haben sie zum einen ihre einfache bildliche Form verloren, zum anderen haben sie gegenüber früheren Zeiten andere Bedeutungen angenommen. Die chinesische Schrift ist mindestens 3500 Jahre alt; Zeugnis davon legen etwa die in Knochen oder Schildkrötenpanzer eingeritzten Schriftzeichen ab. Einige Beispiele für alte chinesische Piktogamme und Ideogramme finden Sie in Abb. 12. Bei der heutigen Schrift, die 1956 gegenüber der älteren Schreibweise vereinfacht wurde, sind bei jedem Zeichen zwei Komponenten zu unterscheiden: Ein phonetisches Element, das sogenannte

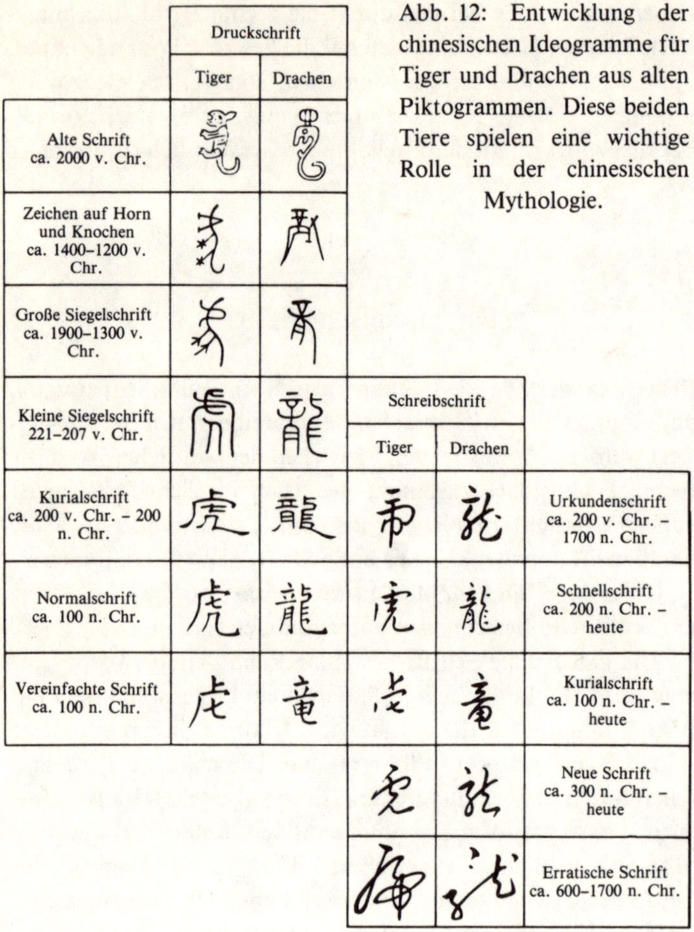

	Druckschrift			Schreibschrift		
	Tiger	Drachen		Tiger	Drachen	
Alte Schrift ca. 2000 v. Chr.						
Zeichen auf Horn und Knochen ca. 1400–1200 v. Chr.						
Große Siegelschrift ca. 1900–1300 v. Chr.						
Kleine Siegelschrift 221–207 v. Chr.						
Kurialschrift ca. 200 v. Chr. – 200 n. Chr.						Urkundenschrift ca. 200 v. Chr. – 1700 n. Chr.
Normalschrift ca. 100 n. Chr.						Schnellschrift ca. 200 n. Chr. – heute
Vereinfachte Schrift ca. 100 n. Chr.						Kurialschrift ca. 100 n. Chr. – heute
						Neue Schrift ca. 300 n. Chr. – heute
						Erratische Schrift ca. 600–1700 n. Chr.

Abb. 12: Entwicklung der chinesischen Ideogramme für Tiger und Drachen aus alten Piktogrammen. Diese beiden Tiere spielen eine wichtige Rolle in der chinesischen Mythologie.

»homophone Monosyllabum« (die chinesische Schrift besteht aus derartigen Einsilbenwörtern, die häufig zu mehrsilbigen Wörtern zusammengesetzt werden), und der Begriffsdeuter (der auch als Klassenzeichen oder Radikal bezeichnet wird), das sogenante »ideographische Determinativum«, das einen Hinweis auf die Begriffsgruppe des dargestellten Zeichens gibt.

mǎ (Pferd)	馬	马
mā (Mutter)	媽	妈
má (Hanf)	瑪	玛
mǎ (Ameise)	螞	蚂
mà (schimpfen)	罵	骂

Abb. 13: Chinesische Ideogramme in ihrer alten Schreibweise (links) und in der 1956 eingeführten vereinfachten Schreibweise (rechts).

Die in Abb. 13 aufgeführten Beispiele zeigen, wie Zeichen durch ein Silbenzeichen und verschiedene Radikale gebildet werden. Durch Kombination von Silbenzeichen und Radikale lassen sich rund vierzigtausend Zeichen schreiben. Um heutzutage eine Zeitung lesen zu können, reicht es aus, wenn man ungefähr sechstausend Zeichen kennt. Eines ist bei der Beziehung zwischen chinesischer Schrift und chinesischer Sprache zu beachten. Die in Abb. 13 dargestellten Zeichen weisen zwar gewisse Unterschiede auf, werden aber scheinbar alle als das Silbenzeichen *ma* gelesen. Das Zeichen über dem *a* deutet jedoch darauf hin, daß diese Silbe jeweils anders auszusprechen ist. Das Chinesische ist nämlich eine sogenannte tonale Sprache, d.h. sie weist unterschiedliche »Töne« auf, die für uns kaum auseinanderzuhalten sind. Im Chinesischen (genauer gesagt im Pekinger Mandarinendialekt) gibt es vier verschiedene Töne (den hohen ebenen Ton, den hohen steigenden Ton, den kurz sinkenden und steigenden Ton sowie den fallenden Ton), die es ermöglichen, ein und dasselbe Silbenzeichen in ganz unterschiedlicher Weise auszusprechen, so daß es vier verschiedene Dinge bezeichnet (wie in dem in Abb. 13 angeführten Beispiel).

Es gibt nur sehr wenige Untersuchungen über die Auswirkungen von Hirnschäden auf die Sprachfähigkeit bei Chinesen. Vor einiger Zeit erschien die bislang umfangreichste Publikation über einen Fall von Aphasie bei einer Chinesin, die infolge einer starken Hirnblutung eine Verletzung der linken Hemisphäre davongetragen hatte. Das größte und auffälligste Defizit bestand darin, daß sie nicht mehr in der Lage war, Wörter wiederzuerkennen, die sich hinsichtlich des Tonwertes unterschieden. Aufschlußreich ist in diesem Zusammenhang, daß dieser Fall ebenso wie die Untersuchung anderer, normaler Probanden gezeigt hat, daß bei den Chinesen die linke Hemisphäre dominierend ist für die chinesische Sprache, unabhängig davon, ob sie gesprochen oder geschrieben wird.

Obgleich die Japaner ihre Schrift zum großen Teil von den Chinesen übernommen haben, entspricht bei ihnen die Organisation der sprachlichen Prozesse im Gehirn nicht derjenigen der Chinesen. Die japanische Schrift besteht aus zwei Gruppen von Zeichen, die in ein und demselben Text zusammen vorkommen können. Eine erste Gruppe von Zeichen (die sogenannten *kandschi*) umfaßt die aus dem Chinesischen übernommenen Ideogramme. Abb. 14 zeigt einige *kandschi* in ihrer modernen Schreibweise sowie ihre Ableitung von alten Zeichen. Es gibt Wörterbücher, in denen bis zu fünfzigtausend *kandschi* verzeichnet sind. Die durchschnittliche Anzahl der zum Lesen

Abb. 14: Japanische Ideogramme und ihre Ableitung von dem ursprünglichen Zeichen (erste Reihe). Von oben nach unten: *Reispflanze* (bei dem alten Zeichen ist links eine kleine Reispflanze dargestellt und rechts eine Hand, welche die Reiskörner in einen Mörser schüttet, um eine Mahlzeit daraus zu bereiten); *Nest* (drei kleine Vögel in einem Nest auf einem Baum); *Richtung* (ein Boot ist an einem Pfahl befestigt und dreht sich in Windrichtung); *Friede* (eine Frau in ihrem Haus); *was?* (was wird wohl in dem Sack sein, der an dem Stock festgebunden ist, den die beiden Männer über ihren Schultern tragen?).

einer Zeitung erforderlichen Zeichen liegt bei ca. 3000. Für jedes Zeichen gibt es verschiedene Schrifttypen (eine Art von Druckschrift und die Schreibschrift), verschiedene Aussprachen und verschiedene Bedeutungen. Wenn jemand ein *kandschi* nicht kennt, kann er es praktisch nicht lesen und nur aufgrund des Satzzusammenhangs Rückschlüsse auf seine Bedeutung ziehen.

Neben dem *kandschi*-System gibt es im Japanischen auch noch das *kana*-System, das wiederum in *hira-gana* und *kata-kana* unterteilt wird. Das *kata-kana* besteht zum Teil aus *kandschi*-Zeichen, welche die gleiche Rolle spielen wie die Buchstaben in unserem Alphabet. Mit diesem *kata-kana* werden fremde Eigennamen geschrieben (»Rom«), moderne Gegenstände (»Radio«), wissenschaftliche Fachtermini usw. Auch das *hira-gana* ist ein aus dem *kana* abgeleitetes Alphabet, das zur Kennzeichnung der Partikel und der Flexionsformen von Verben, Adjektiven, Pronomen usw. dient. Stark vereinfachend kann man sagen, daß die japanische Schrift aus zwei Systemen besteht: Einem ideographischen (dem *kandschi*) und einem alphabetischen (dem *kana*). Ein *kandschi*-Zeichen entspricht einem Wort, während die *kana* wie die Buchstaben in unserem Alphabet zu einem Wort zusammengesetzt werden müssen. Es gibt zwar Situationen, in denen das eine oder das andere dieser beiden Systeme bevorzugt wird (beispielsweise wird das *kata-kana* für Telegramme, in Kinderbüchern usw. verwendet), doch im allgemeinen ist festzustellen, daß sie in ein und demselben Text gleichzeitig vorkommen (Abb. 15). Die Kenntnis eines Systems alleine ist nicht ausreichend, um Japanisch lesen zu können.

Es hat schon mehrere Versuche zur Vereinfachung der japanischen Schrift gegeben. 1946 wurde die Anzahl der in amtlichen Schriftstücken, Gesetzestexten, Büchern usw. zu verwendenden *kandschi*-Zeichen auf 1850 beschränkt, von denen 881 in der Schule gelernt werden müssen. Um jedoch eine Zeitung lesen zu können, muß man, wie schon gesagt, wesentlich mehr Zeichen beherrschen, ganz zu schweigen von der Lektüre der klassischen Texte und der Publikationen aus der Zeit vor 1946,

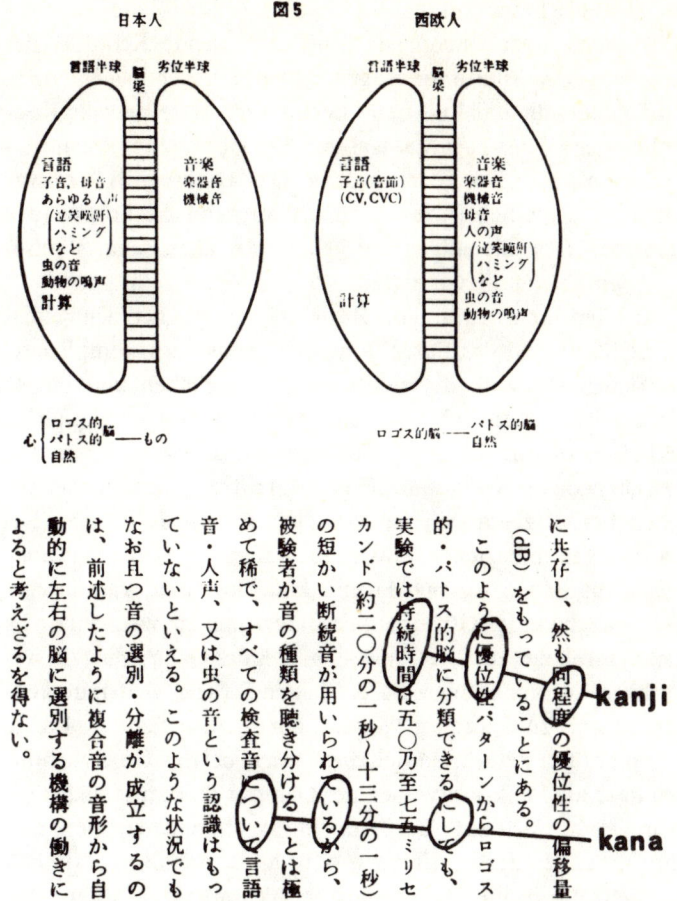

に共存し、然も同程度の優位性の偏移量（dB）をもっていることにある。

このように優位性パターンからロゴス的・パトス的脳に分類できるにしても、実験では持続時間は五〇乃至七五ミリセカンド（約二〇分の一秒〜十三分の一秒）の短い断続音が用いられているから、被験者が音の種類を聴き分けることは極めて稀で、すべての検査音について言語音・人声、又は虫の音という認識はもっていないといえる。このような状況でもなお且つ音の選別・分離が成立するのは、前述したように複合音の音形から自動的に左右の脳に選別する機構の働きによると考えざるを得ない。

Abb. 15: Die beiden Schriftsysteme *kandschi* und *kana* werden in ein und demselben Text verwendet. Im allgemeinen werden die Schriftzeichen in Reihen von oben nach unten und von rechts nach links geschrieben. In dieser Abbildung, die dem Buch Tsunodas *Das Gehirn der Japaner* entnommen ist, wird zur Verdeutlichung der unterschiedlichen Funktionsweise der beiden Hirnhälften das Gehirn eines Japaners (links) demjenigen eines Angehörigen des westlichen Kulturkreises (rechts) gegenübergestellt. Der Hinweis auf die beiden Schriftsysteme wurde von uns hinzugefügt.

für die diese beschränkte Anzahl von *kandschi*-Zeichen natürlich völlig unzureichend ist. Eine umfassende Kenntnis der *kandschi* signalisierte die Zugehörigkeit zur gehobenen sozialen Schicht, die das kulturelle Leben bestimmte und die Kontrolle über all das ausübte, was zur Bewahrung von Recht und Tradition schriftlich fixiert wurde. Das *kandschi*-System war daher auch die Schrift der Männer, während die Frauen (das heißt natürlich diejenigen der gehobenen Gesellschaftskreise) die *kana*-Zeichen bevorzugten.

Bei den Japanern sind die Beziehungen zwischen den beiden Hirnhälften und der Sprache nicht nur insofern kompliziert, als für dieses Volk die zahllosen (menschlichen und in der Natur vorkommenden) Töne ganz spezifische und mannigfaltige verbale Bedeutungen annehmen können, die für uns keinerlei sprachbezogene Konnotationen hervorrufen. Noch schwieriger sehen diese Beziehungen aus, wenn wir die Schrift in unsere Betrachtungen einbeziehen. Man braucht nur einige Dutzend *kandschi* anzuschauen, um sich darüber klar zu werden, wie außerordentlich schwierig es ist, sie auseinanderzuhalten, wenn man dies nicht jahrelang geübt hat. Wie schafft es das Gehirn nur, die unzähligen Kombinationen dieser kleinen Striche wiederzuerkennen und bis zu mehreren Tausend davon zu speichern? Lange Zeit hindurch stellte man sich diese Frage bei den Untersuchungen über die Funktionsweisen des Gehirns überhaupt nicht. Inzwischen hat sich aufgrund von Untersuchungen ergeben, daß zum Erkennen der *kandschi*, wie für alle komplexen optischen Formen, die rechte Hemisphäre in Aktion tritt, während für die *kana* (die aus einer beschränkten Anzahl von Zeichen bestehen, die in ihrer sprachlichen Funktion den Buchstaben unseres Alphabets entsprechen) die linke Hemisphäre zuständig ist. Bei den Japanern besteht das Außergewöhnliche der Hirnorganisation, die für das Schreiben und Lesen des Japanischen erforderlich ist, gerade darin, daß bei ihnen *beide* Hemisphären zusammenwirken müssen, während zum Lesen eines englischen oder italienischen Textes praktisch nur die linke Hemisphäre ausreicht. Natürlich berücksichtigen wir hierbei nur den Normalfall eines Rechtshänders, bei dem die linke Hemisphäre die Sprachfunktionen steuert. Wollte man bei einem Vergleich zwischen Japanern und Angehörigen westlicher Kulturen nämlich auch noch die Fälle von Linkshändigkeit berücksichtigen, bei denen die rechte Hemisphäre für die Sprachfunktionen dominierend ist usw., so würde dies die Beschreibungen der verschiedenen Konstellationen noch wesentlich komplizierter gestalten und wäre andererseits beim gegenwärtigen Stand der Erkenntnisse auch noch gar nicht möglich. Die Sprachstörungen (Aphasien) sowie die Störungen der Lesefähigkeit (Alexie) und der Schreibfähigkeit (Agraphie) rühren bei den Japanern von Verletzungen bestimmter Hirnareale her, die bei Menschen westlicher Kulturkreise nicht die gleichen Störungen hervorrufen. Wer vorhaben sollte, als Neurochirurg oder als Neuropsychologe in Japan zu arbeiten, dem sei empfohlen, sein Lehrbuch zu revidieren, in dem eine Pathologie beschrieben wird, die nicht derjenigen entspricht, mit der er es womöglich bei den Japanern zu tun haben wird.

Der erste Fall von Aphasie bei einem Japaner wurde 1914 publiziert. Dieser Mann hatte eine Verletzung der linken Hirnhälfte davongetragen und dadurch die Fähigkeit eingebüßt, das Alphabet zu lesen, für das diese Hemisphäre zuständig ist, in seinem Fall also die *kana*-Zeichen. Die rechte Hemisphäre war jedoch intakt, so daß er die *kandschi*-Zeichen lesen konnte. Die Dissoziation der beiden Systeme (das heißt die Störung ihres Zusammenwirkens) beim Auftreten von Hirnschäden ist in mehreren neueren Untersuchungen bestätigt worden, vor allem seitens der japanischen Hirnforscherin Sumiko Sasanuma.

Bei den Japanern aktiviert die Sprache in ihrer gesprochenen Form die linke Hirnhälfte und in ihrer geschriebenen Form (für die *kandschi*) die rechte Hirnhälfte, und zwar in sehr viel höherem Maße, als das bei uns der Fall ist. Zweifellos ist die Interaktion der beiden Hemisphären dieser Gehirne sehr viel komplexer, wenn sie sprechen und lesen, weil eine klare Trennung zwischen gesprochener und geschriebener Sprache nicht immer gegeben ist. Passiert es uns nicht auch hin und wieder, daß wir daran denken, wie ein Wort geschrieben ist, bevor wir es aussprechen? Wenn wir dies im allgemeinen nur mit der linken Hemisphäre tun, so muß ein Japaner ein *kandschi* mit der rechten Hemisphäre »sehen« und es dann mit der linken aussprechen.

Für einen Nicht-Japaner ist das Wort die Ordnung, so sagte mir Tsunoda, für den Japaner ist es das Chaos. Von daher überrascht es also nicht, daß die Japaner sich weitgehend der non-verbalen Kommunikation bedienen, der Gesten, der Verbeugungen, des Lächelns, und mit dem Zen eine philosophische Konzeption entwickelt haben, die in der Einübung nonverbaler Introspektion besteht. Den Belastungen, denen das Gehirn der Japaner beim Sprechen und Lesen ausgesetzt ist, wird es im übrigen zugeschrieben, daß sie solche Schwierigkeiten haben, neben ihrer Muttersprache noch weitere Sprachen zu lernen.

Wenn ein Kind japanischer Eltern gleich nach seiner Geburt von einer europäischen Familie adoptiert würde, hätte sein Gehirn dann eine ebenso komplizierte Beziehung zur Sprache seiner Adoptiveltern? Sicherlich nicht. Mary Sanches hat darauf verwiesen, daß Tsunodas Erkenntnisse über die Spezialisierung der linken Hirnhälfte bei den Japanern nicht als Indiz für eine angeborene Eigenschaft anzusehen sind. Sie sind vielmehr bedingt durch die für die japanische Kultur typische Art und Weise, wie die Kinder aufgezogen werden, durch die Formen der Kommunikation zwischen Mutter und Kind. Die Anthropologin Benedict stellte fest, daß in Japan die verbale Kommunikation in der Erziehung Vorrang hat (»das japanische Kind lernt gewöhnlich das Sprechen, noch bevor es das Laufen lernt«); die Linguistin Sanches machte darauf aufmerksam, daß das Kind es lernt, allen Lauten der natürlichen und der menschlichen Umwelt verbale Kategorien zuzuordnen, und daß es auf diese Weise von den ersten Monaten seines Lebens an seine linke Hemisphäre aktiviert.

Die japanische Kultur machte zunächst einen ganz spezifischen Einsatz der linken Hirnhälfte erforderlich, und als dann (vor historisch betrachtet relativ kurzer Zeit) die chinesische Schrift übernommen wurde, bedurfte es eines ebenso spezifischen Einsatzes der rechten Hemisphäre. Nur wenn ein Kind in Japan aufwächst, wird sein Gehirn so komplex und einzigartig werden, wie man dies auch für die Kultur und die Geschichte dieses Volkes sagen kann. Festzuhalten ist, daß zur Erforschung der funktionalen Organisation des japanischen Gehirns die prägenden – sozusagen kulturellen – Reize zu berücksichtigen sind. Im Hinblick auf Reize wie etwa eine geometrische Figur oder einen reinen Ton weist das Gehirn eines Japaners keine andere Organisation auf als das eines Europäers. Kommt es jedoch mit den Reizen seiner eigenen Kulturwelt in Berührung (z.B. der Musik, den Schriftzeichen), so entwickelt dieses Gehirn eine ganz spezifische funktionale Dynamik.

Sind die Farben für alle gleich?

»Der Himmel ist grau, der Himmel ist blau...«

Der Einfluß kultureller Faktoren auf die Gehirnorganisation läßt sich anhand der von Kultur zu Kultur und von Individuum zu Individuum verschiedenen Farbwahrnehmungen gut veranschaulichen. Vorauszuschicken ist, daß die Wahrnehmung der äußeren Umwelt keineswegs eine automatische Reaktion der Sinnesorgane auf äußere Reize darstellt, sondern ein sehr komplexes Phänomen ist. Die Wahrnehmung erfordert das Zusammenwirken verschiedener Teile des Gehirns, und nicht nur das der jeweiligen speziellen Rezeptoren (die Netzhaut im Auge für das Sehen und die Schnecke im Ohr für das Hören). Die Farbwahrnehmung ist wohl das deutlichste Beispiel dafür, wie überaus komplex der Wahrnehmungsvorgang tatsächlich ist, bei dem sowohl neurophysiologische als auch kulturelle Faktoren eine Rolle spielen.

Im Jahre 1969 legten zwei amerikanische Anthropologen, Brent Berlin und Paul Kay, die Ergebnisse der von ihnen durchgeführten Untersuchungen über die Farbbezeichnungen in 98 Sprachen vor. Sie fanden heraus, daß es für elf Grundfarben einen speziellen Namen gibt. Abgeleitete bzw. zusammengesetzte Bezeichnungen wurden ausgeklammert. So wurde etwa »Rot« in diese beschränkte Liste aufgenommen, nicht jedoch »Bläulich-Rot« (da sich diese Bezeichnung aus derjenigen der beiden Grundfarben blau und rot zusammensetzt), »Zinnober« (weil es zur Kategorie »Rot« gerechnet wird), »scheckig« (weil damit etwas Spezifisches bezeichnet wird, nämlich das Fell der Pferde) »Indigo« (da diese Bezeichnung für den dunkelblauen Farbstoff der Indigopflanze aus einer Fremdsprache übernommen ist). Es ergaben sich folgende Bezeichnungen für die Grundfarben: Weiß, Schwarz, Rot, Grün, Gelb, Blau, Braun, Purpur, Rosa, Orange, Grau. Das Überraschendste dabei war, daß diese Farben in einer ganz bestimmten Reihenfolge vorkamen. Wenn es in einer Sprache eine spezielle Bezeichnung gab, beispielsweise für Grün oder für Gelb, dann gab es auch spezielle Bezeichnungen für die Farben Rot, Schwarz und Weiß:

						Purpur
Weiß		Grün	Gelb			Rosa
→ Rot →		→	→ Blau →	Braun→	Orange
Schwarz		Gelb	Grün			Grau

Im 19. Jahrhundert war die Hypothese aufgestellt worden, daß die Wahrnehmung von Farben bei den Menschen früherer Zeiten bzw. bei den noch bestehenden »primitiven« Kulturen nur ansatzweise entwickelt sei. Erst infolge der kulturellen Entwicklung sei die Wahrnehmung der Farben differenzierter geworden. Tatsächlich kommen bei primitiven Gesellschaften nur Bezeichnungen für Weiß und für Schwarz vor, während man bei höherentwickelten Kulturen (und Sprachen) auch Rot, dann Grün oder Gelb, schließlich Blau usw. findet, bis schließlich alle elf Farben vertreten sind. In noch höher entwickelten Kulturen kommen dann noch weitere abgeleitete oder spezielle Bezeichnungen hinzu (»Scharlachrot«, »Gold«, »Bläulich«, »Lachsfarben«, »Kanariengelb« usw.). In verschiedenen Volksgruppen Neuguineas kommen zwei Ausdrücke vor, die einerseits die »leuchtenden« oder »weißen« Farben bezeichnen und andererseits die »gedeckten« oder »schwarzen« Farben. So hat eine Gruppe das Wort *mola* für die weiße Farbe (und die leuchtenden Farben Rot und Gelb) und das Wort *muli* für die

schwarze Farbe (und die gedeckten Farben wie Grün). In einer in Nigeria vorkommenden Sprache findet sich eine dritte Bezeichnung (*nyan*) für Rot und alle warmen Farbtöne von Rot bis Gelb, neben *pupu* für die hellen Farben und *ii* für die dunklen Farben. In jüngster Zeit haben auch die Archäologen nachgewiesen, daß die rote Farbe schon sehr früh verwendet wurde und wesentlich älter ist als die anderen Farben. Das Ockerrot findet sich durchgehend seit der Altsteinzeit, und zwar in Verbindung mit Bestattungsriten und magischen Praktiken. In vielen Gräbern sind noch mit Ockerfarbe versehene Gerätschaften, Muscheln und Knochen gefunden worden. Es wurde sogar die Hypothese aufgestellt, die Farbe Rot habe als das Symbol für Blut und für Leben gegolten und sei daher als magisches Antidot zur Abwehr des Todes verwendet worden. Später kam dann in weiter entwickelten Sprachen zuerst eine Bezeichnung für Grün und dann für Gelb auf oder auch umgekehrt. Interessanterweise gibt es in diesem Entwicklungsstadium noch keinen Ausdruck für Blau. Vielfach wird für Blau das Wort für Grün verwendet. Auch im Altgriechischen fehlt ein besonderes Wort für Blau, wie wir aus *Ilias* und *Odyssee* wissen. Im Lateinischen dagegen gibt es ein reichhaltiges Spektrum von Farbnamen, darunter auch ein eigenes Wort für Blau (*caeruleus*). In noch jüngeren Sprachen wie dem Russischen kommen sogar zwei Wörter vor, das eine für Dunkelblau (*sinji*) und das andere für Hellblau (*globuloj*).

Die Untersuchungen der einzelnen Sprachen haben ergeben, daß allgemein eine Tendenz zur Zunahme der spezifischen Farbnamen besteht. Der Grad der Differenzierung kann als ein Indiz für das kulturelle Niveau der betreffenden Sprachgemeinschaften angesehen werden. Das Fehlen eines bestimmten Ausdrucks kann allerdings auch Anzeichen für eine sprachliche und kulturelle Rückentwicklung sein. Dies gilt etwa für viele der aus dem Lateinischen hervorgegangenen italienischen Dialekte. Bei ihnen ist eine Rückkehr zu einer älteren Sprachstufe als dem Lateinischen zu verzeichnen: Es fehlt nämlich eine eigene Bezeichnung für Blau (im Lateinischen gab es, wie gesagt, das Wort *caeruleus*). Häufig wird in diesen Dialekten statt Blau das Wort Grün verwendet. Daneben kommen auch folgende Formen vor: *color del cielo* ›himmelfarben‹, *celeste* ›himmelblau‹, *viola* ›violett‹, eigentlich: ›Farbe des Veilchens‹ (it. *viola*), *paonazzo* ›blauviolett‹, wie die Federn des Pfaus (it. *pa(v)one*). Nicht nur in den Dialekten, sondern auch in der italienischen Gemeinsprache setzten sich im Laufe der Zeit aus anderen Sprachen entlehnte Farbnamen durch, wie etwa das germanische Wort *blau*, die französische Form *bleu* (die im 18. Jahrhundert in Italien aufkam), mit ihren Ableitungen *blé*, *blu* usw., oder die Ausdrücke *turchino* ›dunkelblau‹, *turchese* ›türkis‹ (nach den ersten Fundorten des gleichlautenden Minerals in der Türkei) und schließlich das Wort *azzurro* ›azurblau‹, das bereits im 13. Jahrhundert aus dem Persischen übernommen worden war, aber nur in gebildeten Kreisen verwendet wurde (s. Abb. 16).

Die Zunahme bzw. die Abnahme der Zahl der Farbnamen in einer Sprache deuten vermutlich darauf hin, daß es keine physiologischen Unterschiede hinsichtlich der Fähigkeit gibt, die verschiedenen Wellenlängen des Lichts wahrzunehmen, sondern nur Unterschiede in der Zuordnung spezieller Ausdrücke zu bestimmten Farben. Manche Wissenschaftler haben dagegen die Auffassung vertreten, daß es bei den »primitiven« Völkern keine Differenzierung der Farben gebe, daß sie in einer von Grautönen bestimmten Welt lebten, die in dem Maße farbig werde, wie sich die Kultur verfeinert. Das Kind durchlaufe die gleichen Entwicklungsstufen und lerne in den ersten Jahren seines Lebens im Zuge des Spracherwerbs die Farben zu unterscheiden und immer differenzierter zu benennen.

Fragt man Kinder nach der Farbe bestimmter Gegenstände, kann man leicht feststellen, daß sie, je kleiner sie sind, desto weniger abgeleitete Farbbezeichnungen beherrschen und nur die Grundfarben »Rot«, »Gelb« und »Grün« usw. kennen. Es kann vorkommen, daß ein Kind ein und dasselbe Wort zur Bezeichnung unterschiedlicher Farben verwendet. In diesem Fall verhält es sich also wie die Angehörigen »primitiver« Kulturen

* Kein Wort für Blau

■ Nur das Wort »Grün«

□ »Grün« und andere Bezeichnungen

● Abgeleitete Ausdrücke (color del cielo etc.)

△ Andere Ableitungen

Abb. 16: Diese Karte wurde von Andres M. Kristol erstellt, um die Verwendung der Bezeichnung »Blau« in den italienischen Dialekten zu veranschaulichen. Das Zusammenfallen von Blau und Grün ist ein Anzeichen für eine sprachliche Rückentwicklung, also ein kulturell bedingtes Phänomen.

und Sprachen. Lange Zeit hindurch glaubte man, die Kinder besäßen nicht die gleiche Farbempfindung wie die Erwachsenen. Sie sähen vielmehr die Welt zunächst nur schwarz-weiß, und erst allmählich würde sie in ihren Augen Farbe annehmen. Es fehle den Kindern, so dachte man, nicht am Vokabular, sondern tatsächlich an der Fähigkeit, Rot, Grün, Gelb und all die anderen Farben zu sehen, und ihnen erscheine in den ersten Monaten ihres Lebens die Welt wirklich nur schwarz und weiß. Erst nach und nach würde sich bei ihnen die Fähigkeit entwickeln, zunächst nur einige wenige Farben (vielleicht die Grundfarben Rot, Grün und Gelb) zu erkennen, und dann die übrigen Farben. Diese Hypothese hat sich freilich als falsch erwiesen, u.z. aufgrund eines methodisch falschen Ansatzes.

Bestimmte Charakteristika der farbigen Reize machen bei den Untersuchungen über die Farbwahrnehmung erhebliche Schwierigkeiten. Ein roter Gegenstand kann im Vergleich zu einem grünen Gegenstand gleicher Form (z.B. ein roter und ein grüner Ball) nicht nur hinsichtlich der Farbe als unterschiedlich empfunden werden, sondern auch insofern, daß der eine heller, leuchtender sein kann als der andere, und zwar unabhängig von seiner Farbe. In jüngster Zeit wurden Verfahren entwickelt, anhand derer man feststellen kann, ob sich zwei Gegenstände *nur* durch ihre Farbe und nicht auch durch andere physikalische Merkmale unterscheiden. Es ließ sich nachweisen, daß ein Kind bereits nach zwei Monaten einige Farben unterscheiden kann. Vier Monate nach der Geburt entspricht die Farbempfindung des Kindes der eines Erwachsenen. Die ersten Farben, die benannt werden, sind Rot, Grün, Gelb und Blau. Die zwölf Bücher von Andrew Lang, in denen er Kindermärchen aufgezeichnet hat, haben jeweils eine andere Farbe: *Das braune Märchenbuch, Das rosa Märchenbuch* usw. Die vier meistgekauften Bücher sind ausgerechnet diejenigen in den vier Grundfarben, in denen Lang vermutlich die interessantesten Märchen zusammengetragen hat. Einem Kind fällt es leicht, nach dem *roten Buch* zu fragen, wenn es weiß, daß darin die Märchen stehen, die ihm am besten gefallen. Die Priorität dieser vier Farben wurde auch anhand der neurophysiologischen Organisation der Farbwahrnehmung nachgewiesen. Im ›corpus geniculatum laterale‹, einem subkortikalen Zentrum, gibt es drei Gruppen von Zellen: die erste reagiert auf Helligkeitsunterschiede (von dunkel bis hell), die zweite reagiert auf Rot und Grün und die dritte auf Gelb und Blau. Die Interaktion zwischen den beiden Gruppen von Zellen, die die Wellenlänge registrieren, ermöglicht es offensichtlich, die einzelnen Farben wahrzunehmen und zu unterscheiden.

Was den Erwachsenen vom Kind unterscheidet, ist die Fähigkeit, die einzelnen Farben zu benennen. Diese Fähigkeit entwickelt sich erst nach dem Erwerb der Sprachfähigkeit. Zur Verdeutlichung dieses wichtigen Punktes sei ein Beispiel angeführt. Angenommen, wir sind nicht in der Lage, die Farbe von zwei uns vorgelegten bunten Karten anzugeben. Dennoch können wir feststellen, daß sie nicht gleich sind, da wir das unterscheiden können, was man als Wellenlänge bezeichnet. Es kommt häufig vor, daß wir es nicht mit zwei Farben, etwa Rot und Grün, zu tun haben, sondern mit zwei Schattierungen derselben Farbe. So können zwei Stoffe von gelber Farbe sein, deren genaue Bezeichnung uns zwar nicht bekannt ist, und trotzdem können wir sagen, daß sie unterschiedlich sind. In einigen Fällen von Agnosie (dem Unvermögen, Farben zu erkennen), die bei Verletzungen des Gehirns, insbesondere der linken Hirnhälfte, auftreten können, kommt es zu einer Dissoziation zwischen der Fähigkeit zur Unterscheidung zweier Farben (der Patient sieht zwei Karten, eine rote und eine blaue, und sagt, daß sie verschieden sind) und der Fähigkeit zur Benennung der Farben (er kann also nicht sagen: »Diese Karte ist rot und diese blau«). Eine derartige Dissoziation besteht natürlich auch bei einem normalen Individuum, das den genauen Farbnamen nicht kennt. Legt man einem Kind zwei unterschiedlich gelbe Karten vor, wird es sagen, daß sie beide gelb sind. Ein Erwachsener dagegen kann vielleicht sagen, daß die eine »zitronengelb« und die andere »kanariengelb« ist. Natürlich gibt es auch Farbtöne, deren Namen auch ein Erwachsener nicht kennt. Die Bezeichnung der Farben hängt also sowohl von der Vorbildung des Betreffenden wie auch von der Frage ab, inwieweit er beruflich mit Farben zu tun hat. Ein Maler vermag Kadmiumgelb und Chromgrün zu benennen. In Farbkatalogen ist für jeden Farbton eine spezielle Benennung verzeichnet, die nur Experten kennen und verwenden, wenn sie diese für ihre Arbeit brauchen.

Die Farben sind für jeden Menschen anders, weil für ihn je nach Alter, Vorbildung und Beruf die Palette der ihm zur Verfügung stehenden Farbnamen variiert. Der eine ist in der Lage, zehn Gelbtöne zu nennen, die für einen anderen alle zur gleichen Farbe zählen. Dies bedeutet freilich nicht, daß bei ihnen die Fähigkeit zur Wahrnehmung der Farben grundlegend anders wäre. Eingehende Tests (z.B. Vergleiche verschiedenfarbiger Karten) haben gezeigt, daß beide Personengruppen die gleichen Fähigkeiten besitzen. Schätzungen zufolge soll ein Mensch in der Lage sein, mehr als 7000 Farbtöne zu unterscheiden (aber bestimmt nicht zu benennen!). Hinsichtlich der Gehirnorganisation kann man wohl davon ausgehen, daß beim Erlernen der Farbnamen zwischen den neuronalen Zentren des Sehapparates, die an der Wahrnehmung der Wellenlänge beteiligt sind, und den Bereichen der Hirnrinde, in denen sich das Sprachzentrum befindet, Querverbindungen hergestellt werden. Sobald der Mensch ein Vokabular zur Bezeichnung der Farben erworben hat, wird die von ihm wahrgenommene farbige Welt durch die Farbnamen segmentiert und dadurch kanalisiert; die Anzahl und die Differenzierung der Farbbezeichnungen kann sich durch kulturelle und soziale Faktoren noch erhöhen.

Auf dieser zweiten, sprachlichen und rein individuellen Ebene kann es dann zu Problemen kommen, von denen die Philosophen so fasziniert waren und die in einem Wortspiel wie diesem zum Ausdruck kommen können: »Ist das Rot für mich das gleiche Rot wie für dich?« Da es sich bei »Rot« um eine erworbene Bezeichnung handelt, die zugleich historisch und kulturell bedingt ist, kann es sein, daß das, was ich unter »Rot«

verstehe, nicht das gleiche ist wie für meinen Gesprächspartner, der bei »Rot« an einen anderen Farbton denkt bzw. für den diese Farbe eine ganz persönliche emotionale Resonanz auslöst. Ist man erst einmal in die Welt der Farben eingedrungen, kann man sie nie wieder verlassen. So stellt die Hauptperson in Italo Calvinos *Le Cosmicomiche* mit Wehmut fest, daß sich seine frühere, farblose, graue Welt in eine bunte Welt verwandelt hat:

> »Ich erkannte zu meinem Bedauern und zu meiner Überraschung, daß ich *im Diesseits* geblieben war und daß ich niemals würde fliehen können, nie wieder von jenem goldenen und silbernen Gleißen, von jenen Wölkchen, deren Farbe von Himmelblau in Rosa überging, von jenen grünen Blättchen, die sich jeden Herbst gelb verfärbten, und daß die vollkommene Welt Ayls (der Geliebten in der *grauen* Welt) für immer verloren war, und ich sie mir nicht einmal mehr vorzustellen vermochte, und nichts blieb, was mich auch nur von weitem daran hätte erinnern können, nichts als diese kalte Wand aus grauem Stein. «

Grün ist gleich Blau

Ganz anders stellt sich das Problem der Farben dar, wenn wir es mit Menschen zu tun haben, die einige Farben aus neurophysiologischen Gründen nicht wahrnehmen können. Hierbei geht es in erster Linie um die Farbenblinden, die Rot nicht von Grün bzw. Gelb nicht von Blau unterscheiden können, weil bei ihnen ein Pigment in den Rezeptorzellen der Netzhaut fehlt (die sogenannten Zapfen). Diese Menschen können Gegenstände jedoch aufgrund anderer Eigenschaften, etwa der Helligkeit, voneinander unterscheiden. Es gibt aber auch ganze Volksstämme, die aus genetischen Gründen Grün nicht von Blau unterscheiden können und daher für beide Farben dieselbe Bezeichnung verwenden. Es handelt sich um Stämme, die in tropischen oder äquatorialen Zonen leben, wo das Sonnenlicht einen besonders hohen Anteil an ultravioletten Strahlen von äußerst kurzer

Wellenlänge aufweist. Im Auge dieser Menschen hat sich eine spezielle Schutzpigmentierung gebildet, durch welche die ultravioletten Strahlen absorbiert werden – ein ähnlich genetischer Prozeß wie jener, der zur Entstehung der schwarzen Hautfarbe geführt hat. Die für die Unterscheidung von Grün und Blau zuständigen Rezeptoren der Netzhaut vermögen also keine differenzierte Analyse der im Bereich der Kurzwellen liegenden Farben mehr vorzunehmen. Je mehr man sich dem Äquator nähert, desto häufiger kann man feststellen, daß nicht nur Grün und Blau, sondern sogar Grün, Blau und Schwarz zusammenfallen. Wie aus der von Bornstein erstellten Karte (Abb. 17) hervorgeht, gibt es noch andere Beispiele für das Zusammenfallen von Farben (Rot = Gelb usw.), die gemäß der Hypothese von der Differenzierung der Farbennamen je nach Entwicklungsstand der Sprache allerdings kulturell bedingt sein dürften.

Wenn im Falle der italienischen Dialekte die Gleichsetzung von Blau und Grün offenbar ein Anzeichen für eine sprachliche Rückentwicklung ist und somit ein kulturelles Phänomen darstellt, so haben wir es bei den Menschen in Äquatorialzonen eindeutig mit genetisch bedingten Restriktionen zu tun. Ähnliche Restriktionen gibt es hinsichtlich der Wahrnehmung von Strahlen mit besonders kurzer Wellenlänge (ultraviolett), die von einigen Tierarten wahrgenommen werden können. Für diese Wellenlängen gibt es offensichtlich in keiner Sprache entsprechende Bezeichnungen. Wenn wir jedoch von den Äquatorialvölkern einmal absehen, bei denen die Farbwahrnehmung nach der von Bornstein aufgestellten These durch genetische Faktoren eingeschränkt ist, so können wir feststellen, daß die hinsichtlich der Farbbezeichnungen bestehenden Unterschiede kulturell bedingt sind. Das Spektrum der Farbnamen unterscheidet sich nicht nur von einer Kultur zur anderen, sondern es reicht auch von dem noch wenig differenzierten des Kindes über das stärker differenzierte des Erwachsenen bis hin zu dem äußerst reichhaltigen des Malers. Hat man erst einmal einen speziellen Ausdruck gelernt, so stellt die betreffende Wellen-

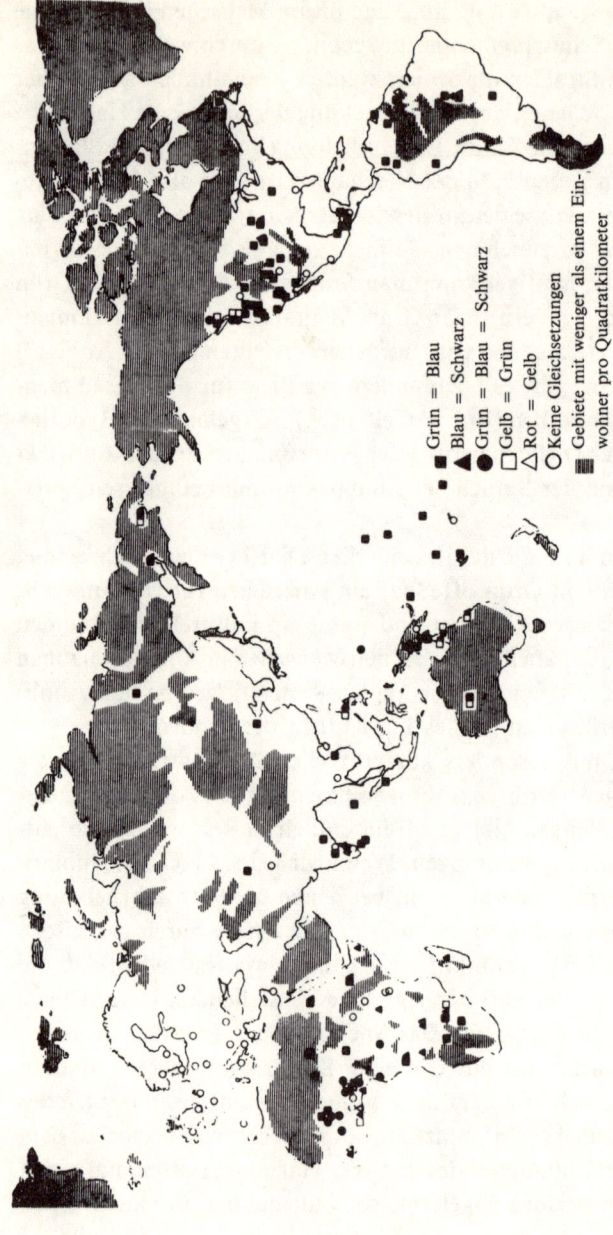

Abb. 17: Marc H. Bornstein erstellte diese Karte über die Gleichsetzung der Farben. Die Gleichsetzung von Blau und Grün in den Sprachen, die in Äquatornähe gesprochen werden, stellt ein genetisch bedingtes Phänomen dar.

Legende:

■ Grün = Blau
▲ Blau = Schwarz
● Grün = Blau = Schwarz
□ Gelb = Grün
△ Rot = Gelb
○ Keine Gleichsetzungen
▨ Gebiete mit weniger als einem Einwohner pro Quadratkilometer

länge nicht mehr einen neutralen Reiz dar, sondern löst Emotionen und Erinnerungen aus. Es handelt sich also nicht mehr um einen nur physikalischen Reiz, sondern auch um einen kulturell bedingten Reiz, der auf die Rezeptoren der Netzhaut und auf die Zentren im Gehirn einwirkt, die ihn je nach den individuell gemachten Erfahrungen und der Kulturzugehörigkeit verarbeiten. Im folgenden Kapitel, in dem auf die Beziehungen zwischen Gehirn und Musik eingegangen werden soll, werden wir uns einer anderen Art von Reizen zuwenden, deren Wertschätzung sehr stark kulturabhängig ist.

Das Gehirn eines Musikers

Ravel und Schebalin

Es ist behauptet worden, das Crescendo und das gewaltige Finale des *Bolero* könnten als Anzeichen für die zunehmende Existenzangst Maurice Ravels interpretiert werden, für das unaufhaltsame Fortschreiten einer Krankheit, die wenig später offen zutage treten und letztlich zum Tode führen sollte. Der *Bolero* entstand 1928, in jenem Jahr also, in dem sich bei Ravel die ersten deutlichen Symptome einer merkwürdigen Gedächtnisschwäche zu zeigen begannen. Schon seit einiger Zeit hatte er unter Zuständen der Verwirrtheit und unter ständiger Somnolenz gelitten. Ein Autounfall im Jahre 1932 führte dann vermutlich zum offenen Ausbruch der latenten Krankheit: Während einer Taxifahrt in Paris kam es zu einem Zusammenstoß mit einem anderen Fahrzeug, bei dem Ravel heftig mit dem Kopf aufprallte. Er trug zwar keine unmittelbar erkennbaren Verletzungen davon, aber offensichtlich beschleunigte dieses Trauma eine bereits unabwendbare Entwicklung. Im Jahre 1933 merkte er beim Schwimmen auf einmal, daß er, der erfahrene und begeisterte Schwimmer, seine Bewegungen nicht mehr koordinieren konnte. Wenig später trat eine Störung auf, die Rückschlüsse zuließ auf das, was in seinem Gehirn vor sich ging. Ravel konnte plötzlich nicht mehr sprechen, und – was für einen großen Musiker ungleich schlimmer ist – er hatte unwiederbringlich seine Fähigkeit eingebüßt, seine musikalische Schaffenskraft zum Ausdruck zu bringen.

Ravel wurde von dem französischen Neurologen Théophile Alajouanine behandelt, der uns eine sehr aufschlußreiche Beschreibung seiner Krankheit hinterlassen hat. Sprachverständnis und Sprachproduktion waren bei Ravel gestört, vor allem jedoch war der für einen Komponisten entscheidende Umsetzungsprozeß beeinträchtigt, nämlich die Überführung der Worte in Gedanken und die Äußerung dieser Gedanken in Worten mit Hilfe von Zeichen, also durch die Schrift. Einmal brauchte er ganze acht Tage, um einen Brief von 50 Wörtern an seinen Freund Maurice Delange zu schreiben, dem er zum Tode der Mutter sein Beileid ausdrücken wollte. Er »wußte«, welche Gedanken er ausdrücken wollte, aber er vermochte nicht, die entsprechenden Buchstaben und Wörter zu finden. Dies gelang ihm nur, indem er sie in dem französischen Wörterbuch *Larousse* nachschlug. Vor dem gleichen Problem stand er, wenn er Musik aufzeichnen wollte.

Ebenso wie es keine Beziehung mehr zwischen einem Gegenstand, einem Gedanken und seinem sprachlichen Zeichen gab, so bestand für ihn auch keine Beziehung mehr zwischen einem Ton und einer Note, er konnte keine Partitur mehr lesen und sie in Musik umsetzen; er konnte nicht mehr die Musik niederschreiben, die er im Kopf hatte. Allerdings erkannte er Musik, die man ihm vorspielte, er konnte sagen, ob es seine eigene Musik war oder nicht, und er wies auf die kleinsten Fehler beim Vortrag eines Musikstückes hin. So stellte er beispielsweise sogleich fest, daß das Klavier Alajouanines, auf dem die Stücke für dieses Experiment vorgespielt wurden, verstimmt war. Selbst Klavier zu spielen war eine regelrechte Tortur für Ravel. Eine Partitur zu lesen und gleichzeitig zu spielen war praktisch unmöglich. Das erste Problem bestand darin, die Noten zu lesen, das zweite darin, die entsprechenden Tasten zu finden. Manchmal gelang es ihm, mit der rechten Hand zu spielen, aber mit beiden Händen zu spielen war ihm unmöglich.

Dagegen war er in der Lage zu spielen, wenn er sich ganz spontan ans Klavier setzte und sich an seinen eigenen Kompositionen versuchte. Eine Zeitlang ging es einigermaßen; nach ei-

75

ner Weile machte er jedoch Fehler, vor allem dann, wenn sein Spielen nicht mehr automatisch vor sich ging, sondern das Produkt von Denkvorgängen wurde. Das Aufzeichnen eigener Stücke fiel ihm wesentlich leichter, als neue Stücke nach Diktat zu schreiben. Etwas abzuschreiben, ohne daß es ihm diktiert wurde, war nahezu unmöglich. Ravel konnte jedoch Musik hören, vertraute Stücke wiedererkennen; er konnte sein Urteil über neue Ausführungen seiner Musik abgeben und wußte neue Kompositionen zu schätzen. Aber er litt sehr darunter, daß er nicht mehr imstande war, jener Musik Ausdruck zu verleihen, die er in sich fühlte. Als er kurz vor seinem Tode ein Konzert hörte, bekannte er unter Tränen: »Es war dennoch schön. Und dabei habe ich noch so viel Musik im Kopf. Jetzt ist es aus mit mir.« Ravel starb 1937 nach einer Gehirnoperation, bei der man die Ursache seiner Krankheit allerdings nicht hat feststellen können.

Der Fall Ravel ist insofern interessant, als er zeigt, daß im allgemeinen eine klare Trennung zwischen dem Wahrnehmen, dem Hören eines Musikstückes sowie dem Komponieren und Spielen von Musik besteht. Da Ravel Rechtshänder war und bei ihm eine Sprachstörung (Aphasie) aufgetreten ist, hat man angenommen, die Dissoziation der unterschiedlichen Funktionen sei auf eine Schädigung der linken Hirnhälfte zurückzuführen, die für die Sprache zuständig ist. Er war zwar noch in der Lage, mit der rechten Hirnhälfte sich Musik auszudenken, ein Urteil über Musik abzugeben und, wie er selbst unter Beweis stellte, neue Musik zu komponieren, aber allein mit der linken Hemisphäre wäre er imstande gewesen, seine Komposition in eine Partitur umzusetzen. Wenn also offensichtlich die musikalische Kreativität eine Funktion der rechten Hemisphäre ist, so ist die linke Hemisphäre für die Sprache zuständig, und zwar sowohl für die verbale Sprache als auch für die Musiksprache (also für die Fähigkeit, ein Zeichen nach dem anderen – gleichgültig ob Buchstaben oder Noten – in einer bestimmten Reihenfolge zu artikulieren).

Die zwischen Gehirn und Musik bestehenden Beziehungen sind jedoch in Wirklichkeit wesentlich komplizierter. Der Fall des russischen Komponisten Schebalin, den Luria untersucht hat, zeigt noch deutlicher die Komplexität dieser Problematik auf. Es waren ähnliche Voraussetzungen gegeben wie im Falle Ravel. Schebalin, Professor am Moskauer Konservatorium und Komponist zahlreicher Sinfonien, erlitt im Alter von 51 Jahren einen ersten vaskulären Gehirnschlag, der zu Sprachverlust und einer leichten Lähmung der rechten Hand führte. Ein zweiter, wesentlich schwererer Anfall trat sechs Jahre später auf, und zehn Jahre später folgte der dritte, der zum Tode führte. Bei der Autopsie ergab sich eine Schädigung der hinteren Hirnregionen (insbesondere der unteren parietalen und temporalen Hirnareale), die für die aufgetretenen Störungen verantwortlich war. Unmittelbar nach diesen Anfällen hatte Schebalin nämlich seine Sprachfähigkeit verloren und konnte nur noch stereotype Äußerungen hervorbringen wie: »Danke«, »Wie geht's?«, »Auf Wiedersehen«. Besonders charakteristisch waren Fehlleistungen, die man als Paraphasie bezeichnet: statt zu sagen »heilen« (*okrepnut*) wiederholte er *krepnost ... okrepnost ... krepnust ...*, also eine Reihe von »Wörtern«, die von der gleichen Wurzel *kre* abgeleitet, aber sinnlos waren, so wie wenn man anstelle von *Benzin Genzin, Renzin* oder *Venzin* sagen würde. Nach einigen Monaten konnte Schebalin sich wieder ein wenig besser ausdrücken, aber hinsichtlich des Sprachverstehens bestanden noch immer Defizite. Er sagte: »Die Wörter (...) höre ich sie wirklich? Aber ich bin sicher (...) es ist nicht so klar (...). Ich kann sie nicht erfassen (...). Manchmal schon (...). Aber ich kann ihre Bedeutung nicht erfassen. Ich weiß nicht, was es ist.«

Dagegen waren seine musikalischen Fähigkeiten intakt geblieben. Er vollendete Kompositionen, die er vor seiner Erkrankung begonnen hatte, und war weiterhin am Konservatorium tätig. Die neuen Kompositionen standen den früheren in nichts nach. Die Fünfte Sinfonie, die er 1962, ein Jahr vor seinem Tode schrieb, gilt als ein Meisterwerk: »Die Fünfte Sinfonie von Schebalin ist ein brillantes, überaus kreatives Werk, voll höchster Gefühle, optimistisch und lebendig. Diese Sinfonie, die er nach seiner Erkrankung komponiert hat, ist die Schöpfung eines großen Meisters«, merkte der große Komponist Schostakowitsch an.

Zwar hatten beide Komponisten, Ravel und Schebalin, ihre verbale Ausdrucksfähigkeit verloren, aber nur der französische Meister hatte zugleich auch die Fähigkeit zum Komponieren eingebüßt, die für beide den Lebensinhalt bedeutete. Ravel wartete schwermütig auf den Tod, Schebalin dagegen fuhr fort, optimistische und fröhliche Stücke zu komponieren.

Die Melodie

Im allgemeinen geht man zwar davon aus, daß die musikalische Inspiration in der linken Hälfte des Gehirns angesiedelt sei, aber eigentlich ist noch gar nicht geklärt, wie die Verarbeitung der Musik im Gehirn tatsächlich organisiert ist. Die beiden gegensätzlichen Fälle von Ravel und Schebalin machen deutlich, wie kompliziert diese Frage ist. In den letzten fünfzehn Jahren kamen zu den klinischen Daten, die bei mehr oder weniger berühmten Patienten mit Hirnverletzungen erhoben wurden, noch experimentelle Untersuchungen hinzu. Hierbei wurde das Verfahren des »dichotomen« Hörens angewandt, bei dem es darum geht, zwei verschiedene akustische Reize zu erkennen, die den Probanden über Kopfhörer gleichzeitig jeweils in ein Ohr geleitet werden. Wenn die beiden akustischen Reize gleichzeitig in die Ohren gelangen, so treten sie miteinander in Konkurrenz. In dieser Situation setzt sich derjenige Reiz durch, der dem Ohr übermittelt wird, das auf der anderen Körperseite liegt als die für die Verarbeitung dieses Reizes zuständige Hirnhälfte. Bestehen diese beiden Reize aus zwei Wörtern, von denen das eine dem rechten und das andere dem linken Ohr übermittelt wird, versteht der Proband dasjenige Wort besser, das er mit dem rechten Ohr hört. Da es sich nämlich um eine verba-

Abb. 18: Gleiche Elemente bilden unterschiedliche Figuren (oben) und unterschiedliche Elemente bilden gleiche Figuren (unten).

le Information handelt, wird sie von der linken Hirnhälfte verarbeitet, die sich im Vergleich zur rechten Hand auf der gegenüberliegenden Körperseite befindet.

Verwendet man jedoch nonverbale Reize, z.B. Melodien, erweist sich das linke Ohr als das überlegene, weil es der rechten Hirnhälfte gegenüberliegt, die für die Verarbeitung musikalischer Informationen zuständig ist. Eine Melodie besteht aus einer Einheit mehrerer Einzeltöne, die nicht getrennt wahrgenommen werden, sondern als Ganzes, ebenso wie eine Anzahl von Punkten als Dreieck, als Quadrat oder als Kreis wahrgenommen wird (s. Abb. 18). Die Gestalt ist gegenüber den einzelnen Elementen dominierend und wird als Einheit wahrgenommen. Die Melodie gilt in der Psychologie als das klassische Beispiel für eine Gestalt, bei der die Einzelbestandteile in ganz bestimmter Weise reorganisiert werden. Daß eine Melodie von der rechten

79

Hirnhälfte erkannt wird, entspricht einer weitverbreiteten Auffassung über die Spezialisierung der beiden Hirnhälften. Dieser Auffassung zufolge verarbeitet die rechte Hemisphäre Informationen in globaler, synthetischer Weise und erkennt daher eine Melodie oder ein Gesicht als ganzes, ohne eine eingehende Analyse der Bestandteile vorzunehmen; die linke Hemisphäre dagegen verarbeitet die Informationen analytisch, ein Element nach dem anderen, wie dies auch beim Anhören eines Satzes geschieht, in dem sich das Verstehen durch das Wiedererkennen der einzelnen Wörter, Pronomina, Verben usw. vollzieht. Diesen Unterschied hat Mozart sehr schön in Worte gefaßt: »In meiner Vorstellung höre ich nicht die Teile nacheinander, sondern ich höre sie, als ob sie alle auf einmal da wären.«

Die starre Einteilung rechte Hirnhälfte/synthetisches Erkennen – linke Hirnhälfte/analytisches Erkennen bedarf nicht zuletzt aufgrund einer Reihe von Experimenten über das Erkennen von Melodien einer weiteren Differenzierung. Bever und Chiarello legten 1974 zwei Gruppen von Probanden, und zwar »Nichtmusikern« und »Musikern«, Aufgaben vor, bei denen es darum ging, eine Melodie bzw. zwei Töne aus einer Melodie zu erkennen, die den Probanden auf beide Ohren übermittelt wurde. Die Nichtmusiker konnten nur die Melodien erkennen, vorzugsweise diejenigen, die dem linken Ohr (rechte Hemisphäre) zugeleitet wurden, scheiterten aber bei der Aufgabe, die beiden Noten wiederzuerkennen. Die Musiker bewältigten beide Aufgaben, wobei sie jedoch das rechte Ohr bevorzugten (linke Hemisphäre). Diese Ergebnisse wurden dahingehend interpretiert, daß bei den Nichtmusikern die Musik als Einheit wahrgenommen und als solche von der rechten Hemisphäre verarbeitet wird (weshalb sich bei gleichzeitiger Stimulierung beider Ohren das linke Ohr durchsetzt), während die Musiker in der Lage sind, die Melodie in ihre Bestandteile zu zerlegen und ein Element nach dem anderen zu verarbeiten, wozu die linke Hemisphäre in Aktion tritt (und sich folglich das rechte Ohr durchsetzt). Aus dem gleichen Grunde vermochten die Musiker im Gegensatz zu den Nichtmusikern zu erkennen, ob zwei Noten in einer Melodie vorkamen oder nicht. Das wäre etwa so, um einen Vergleich anzuführen, wie wenn bei den in Abb. 18 in der unteren Reihe dargestellten Figuren die Nichtmusiker nur die Form als ganzes erkennen könnten, die Musiker dagegen auch sagen könnten, ob eine Form beispielsweise zwei Quadrate enthält oder nicht.

Die entscheidene von Bever und Chiarello eingeführte Variable ist der Faktor »Lernen«, eine kulturelle Variable, die sich bei den Musikern so auswirkt, daß bei ihnen während des Erlernens der Musiksprache eine allmähliche Umorientierung von der rechten Hemisphäre zur linken hin erfolgt. Dieses von Bever und Chiarello durchgeführte Experiment ist hier nicht etwa angeführt worden, weil damit das Problem der Beziehung zwischen Musik und Gehirn geklärt wäre (sehr viele Wiederholungen dieser Ergebnisse sind auch negativ ausgefallen), sondern vielmehr deshalb, weil es kennzeichnend für die Art der gegenwärtig zu diesem Problemkreis laufenden Forschungsarbeiten ist. Es ist unter anderem eingewandt worden, die Überlegenheit der linken Hemisphäre bei den Musikern könnte unter Umständen weniger durch einen Lernvorgang bedingt sein, als vielmehr durch eine angeborene Disposition der betreffenden Probanden, Informationen analytisch zu verarbeiten. Die zwischen den beiden Hemisphären bestehende Beziehung kann innerhalb derselben Kultur variieren, und zwar in Abhängigkeit vom Faktor Lernen (wie dies bei den obenerwähnten Nichtmusikern und Musikern aus dem Raum New York der Fall war), aber auch beim Übergang von einer Kultur zur anderen. Wenn sich Japaner westliche Musik anhören, liegt bei ihnen die gleiche Organisation des Gehirns vor, wie bei Menschen des westlichen Kulturkreises, nicht jedoch, wenn sie den Tönen der traditionellen japanischen Instrumente lauschen. Dann nämlich obliegt vermutlich aufgrund der verbalen Konnotation, die diese Musik hervorruft, deren Verarbeitung der linken Hirnhälfte. Für westliche Ohren besteht sie aus einer Summe neutraler Töne, während sie für die Japaner reich an Bedeutungen ist, die sich in Worten ausdrücken lassen.

Der Rhythmus

Einer der grundlegenden Aspekte der Musiksprache, der besonders eingehenden Forschungen unterzogen wurde, ist der Rhythmus. Dabei hat sich herausgestellt, daß die linke Hirnhälfte an der Erkennung und der Erzeugung des Rhythmus beteiligt ist. Ein rumänischer Violinist, bei dem in der linken Hemisphäre ein vaskulärer Gehirnschlag aufgetreten war, hatte dadurch die Fähigkeit, Rhythmen zu erkennen, verloren, aber nicht die Fähigkeit, Tonfolgen wiederzuerkennen, wofür er offensichtlich die rechte Hemisphäre einsetzen konnte. Die Rhythmusstörung betraf nicht nur Sequenzen akustischer, sondern auch visueller Reize (z.B. eine Reihe kurz aufleuchtender Blitze) sowie taktiler Reize (z.B. eine Reihe von Schlägen auf die Hand). Abgesehen von der sich hieraus ergebenden Dissoziation zwischen melodischen und rhythmischen Aspekten zeigt dieser Fall eindeutig, daß die Störung der Fähigkeit, Rhythmen zu erkennen, einen Mechanismus betrifft, der von der Art der Reize unabhängig ist (gleichgültig, ob es sich dabei um eine Reihe von Tönen, Blitzen oder um taktile Reize handelt), und daß dieser Mechanismus vermutlich in der linken Hirnhälfte lokalisiert ist. Der Rhythmus kann also als eine zeitliche Anordnung einer Reihe von Reizen angesehen werden. Auch die Sprache besteht aus einer zeitlich geordneten Sequenz von Reizen. Wenn wir sagen: »Das Schiff kommt heute abend um 9 Uhr in Vulcano an«, so kommen bei demjenigen, der uns zuhört, eine Reihe von Reizen an, die zur Übermittlung eine gewisse Zeit brauchen, eine Zeitspanne, innerhalb derer die einzelnen Elemente des Satzes eine ganz bestimmte syntaktische Organisation aufweisen. Neuere Untersuchungen der Gehirnforschung über die Verarbeitung von Musik legen den Schluß nahe, daß wir es bei verschiedenen kognitiven Prozessen wie der verbalen Sprache und der Musiksprache offenbar mit den gleichen Mechanismen zu tun haben: Die zeitliche Organisation der Reize stellt sicherlich ein für beide gemeinsames Merkmal dar und ist somit ein Mechanismus, der in der linken Hirnhälfte lokalisiert ist.

Das funktionale System der Musikverarbeitung

Bei einem Berufsmusiker ist das, was in seinem Gehirn im Hinblick auf die Musik vor sich geht, eine äußerst komplexe Einheit von Funktionen, die sich zwar trennen lassen, aber dennoch sehr stark miteinander verzahnt sind. Dieses System von Funktionen (oder funktionale Systeme) umfaßt zumindest folgende grundlegende Prozesse: Das Komponieren eines Musikstückes, die Beurteilung seiner ästhetischen Qualität, das Schreiben, Umschreiben und Lesen dieses Musikstückes, seine Wiedergabe auf einem Instrument und schließlich in manchen Fällen sogar noch das Dirigieren eines Orchesters bei dessen Aufführung. Diese Vorgänge werden von verschiedenen Hirnarealen sowohl der rechten wie auch der linken Hemisphäre gesteuert, und man kann sagen, daß bei der Produktion anspruchsvoller Musik praktisch das gesamte Gehirn beteiligt ist. Wird nun ein Gehirnareal zerstört, so können die Auswirkungen auf die Produktion von Musik ganz unterschiedlich sein: Es kann passieren, daß man die Fähigkeit verliert, ein Musikstück zu komponieren, zu spielen oder auch seinen ästhetischen Wert zu erfassen. Die Musikverarbeitung stellt wohlgemerkt kein von den übrigen Gehirnfunktionen losgelöstes System dar. Beim Hören von Musik, beispielsweise, wirken Wahrnehmungen der Ohren, der Augen und des ganzen Körpers zusammen. Ein Musikstück kann sogar Farb- oder Körperempfindungen hervorrufen, die mit Gefühlsempfindungen einhergehen können (Gänsehaut, Schwitzen, Angstgefühl), die wiederum mit persönlichen Erinnerungen verbunden sind. Die Beziehung zwischen Farbe und Musik ist ein beliebtes Thema. Verschiedene Musiker haben versucht, ihre Kompositionen durch Farbsequenzen zum Ausdruck zu bringen, angefangen von Skriabin in seinem *Prometheus* bis hin zu den jüngsten Experimenten Luigi Veronesis.

Das »Farbenhören« ist bei manchen Menschen eine angeborene Begabung, wie etwa bei dem von Luria in den dreißiger Jahren untersuchten Mann mit dem phänomenalen Gedächtnis. Dieser Mann verband einen Ton unmittelbar mit einer Farbvorstellung (»vom Farbenhören kann ich mich nicht freimachen«, sagte er), sowie mit anderen Empfindungen, die er sehen, fühlen oder riechen konnte: »Es wird ihm ein Ton von 50 Hz und 100 db zu hören gegeben. Er sieht einen braunen Strich auf dunklem Grund, mit lauter roten Zungen; was den Geschmack anbelangt, erinnert dieser Ton an eine süßsaure Kohlsuppe, und diese Geschmacksempfindung breitet sich auf der ganzen Zunge aus. Es wird ihm ein Ton von 2000 Hz und 113 db zu hören gegeben. Er sagt: ›Es ist eine Art Feuerwerk in Rosarot (...) ein dicker Strich, sehr unangenehm (...) ein unangenehmer Geschmack, wie eine intensive Salzlauge (...). Sie könnte eine Verletzung der Hand hervorrufen‹.«

Bei seinen Untersuchungen über die Beziehung zwischen Ton und Farbe berief sich der sowjetische Regisseur Eisenstein unter anderem auch auf diesen Mann mit den ausgeprägten Synästhesien (bei dem also durch einen Reiz eine Kombination unterschiedlicher Sinneseindrücke hervorgerufen wird) und sprach von einer »Synchronisierung der Empfindungen«. Damit meinte er den Vorgang der Integration der verschiedenen Sinnesmodalitäten (Sehvermögen, Gehör, Berührung), der für das psychische Erleben dieses Mannes kennzeichnend war und den er durch einen Film vermitteln wollte, wobei sich bei dem Film visuelle Reize mit einer Abfolge akustischer Reize auf der Tonspur verbinden sollten. Einige Wissenschaftler haben die Auffassung vertreten, die Synchronisierung von Hören und Sehen, von Tönen und Farben, stelle ein Phänomen dar, das auf eine Entwicklungsstufe zurückführt, in der die Empfindungen noch nicht ausdifferenziert gewesen seien; erst in späterer Zeit seien diese Empfindungen in spezielle Sinnesorgane kanalisiert worden. Eine derartige undifferenzierte Flut von Empfindungen läßt sich nur schwerlich in Worte fassen, aber man kann sie beim Hören von Musik erleben, wenn Körper und Geist gemeinsam in einer unbestimmbaren Fülle von Tönen, visuellen Vorstellungen, Farben, Gefühlen und Erinnerungen erbeben.

Abb.19: Harfenspieler mit senkrecht gehaltener Winkelharfe (Tontafel aus Mesopotamien, um 2000 v. Chr.)

Die Hände des Musikers

Bei den ganz alten Musikinstrumenten wie der Harfe und der Leier (Abb. 19) wird mit der rechten Hand gespielt und mit der linken das Instrument gehalten. Im Laufe der Zeit übernahm auch die linke Hand wichtige Funktionen beim Spielen, allerdings andere als die rechte. Der Übergang erfolgte nur sehr allmählich. Bei den Saiteninstrumenten wurden zunächst die Finger der linken Hand dazu eingesetzt, die Saiten herunterzudrücken, während die rechte sie zupfte; später wirkten dann beide Hände zusammen, wie dies auch heute noch beim Harfespielen geschieht. Wichtigstes Beispiel für ein mit beiden Händen gespieltes Instrument ist natürlich das Klavier. Es ist noch keineswegs klar, welche Bedeutung seinerzeit diese Errungenschaft hatte. Fest steht, daß die rechte Hand beim Musikspielen ebenso wie beim Schreiben dominierend gewesen ist. Da diese Hand von der linken Hirnhälfte gesteuert wird, stimmt dies mit den klinischen und den experimentell erhobenen Daten überein, die darauf hinweisen, daß in dieser Hemisphäre das Komponieren und Spielen von Musik angesiedelt ist. Wenn es um komplexe Aufgaben geht, für die beide Hände eingesetzt werden (wozu zweifellos das Klavierspiel zählt), so erweist sich wiederum die linke Hirnhälfte als dominierend. Man kann sich leicht vorstellen, daß die Arbeit, die das Gehirn beim Spielen eines Musikstückes leistet, zu den komplexesten Aufgaben überhaupt gehört: Die beiden Hirnhälften kooperieren miteinander, wobei ihre jeweiligen kreativen und expressiven Funktionen aktiviert werden, um die Partitur in eine Reihe aufeinander abgestimmte Bewegungen der beiden Hände umzusetzen.

Ravel komponierte für den österreichischen Pianisten Paul Wittgenstein, der im Krieg eine schwere Verwundung der rechten Hand davongetragen hatte, ein *Konzert in D-Dur für die linke Hand*. Was bedeutet es für einen rechtshändigen Pianisten, nur mit der linken Hand zu spielen, die von der rechten Hemisphäre gesteuert wird, wo er doch ganz darauf eingestellt ist, sich beim Spielen genauso wie beim Schreiben der rechten Hand zu bedienen? Wer einmal versucht hat, das Konzert Ravels zu spielen, wird festgestellt haben, daß dies äußerst schwierig ist. Der Grund hierfür ist sicherlich nicht so sehr darin zu suchen, daß das Werk an sich schwierig zu spielen wäre, sondern vielmehr darin, daß die Hirnorganisation nicht für diese Art des Musizierens angelegt ist. Es wäre folglich zu erwarten, daß unter den Musikern Linkshänder weniger häufig anzutreffen sind als bei anderen Berufen, etwa bei den Architekten, weil eine Dominanz der linken Hand ein Handicap für das Spielen eines Stückes wäre, das für beide Hände komponiert wurde, wobei die rechte dominierend ist.

Bisher scheint der Anteil der Linkshänder bei den Musikern freilich nicht unter dem Durchschnitt der Bevölkerung zu liegen und auch nicht unter demjenigen anderer Berufsgruppen. Allerdings haben es viele professionelle bzw. Amateurmusiker gelernt, mit der anderen Hand zu spielen. Wir alle erinnern uns an Charlie Chaplin, der beim Geigespielen den Bogen ganz schnell mal in die rechte und mal in die linke Hand nahm. Weniger Schwierigkeiten scheint es zu bereiten, als Linkshänder ein Orchester zu dirigieren und dabei die Rollen der beiden Hände zu vertauschen, so daß die Linke Tempo und Rhythmus angibt, während die Rechte die Modulation bestimmt. Das Problem hierbei besteht allerdings darin, daß die Mitglieder des Orchesters daran gewöhnt sind, von den beiden Händen des Dirigenten jeweils spezielle Instruktionen abzulesen, und zwar entsprechend der üblichen Rollenverteilung beider Hände bei einem rechtshändigen Dirigenten.

Beethoven, ein Genie der rechten Hirnhälfte

Beim Verarbeiten von Musik kooperieren die beiden Hirnhälften miteinander. Zwar ist für eine ausdrucksvolle Darbietung der Musik die linke Hemisphäre sehr wichtig, dennoch haben wir Grund zu der Annahme, daß die rechte Hemisphäre eine unabdingbare, ja die entscheidende Rolle beim Komponieren eines Werkes spielt. Ravel konnte weiterhin Musik hören, obgleich er seine linke Hirnhälfte eingebüßt hatte, und Schebalin konnte sogar noch Musik komponieren. Beethoven jedoch liefert den deutlichsten Beweis für die Dissoziation von verbaler Sprache und Musiksprache.

Im Alter von 30 Jahren schrieb Beethoven 1801 an einen Freund:

»Um Dir eine Vorstellung dieser merkwürdigen Taubheit zu vermitteln, möchte ich Dir sagen, daß ich mich im Theater in die Nähe des Orchesters setzen muß, um zu verstehen, was der Schauspieler sagt, aber auf diese Entfernung vermag ich nicht die hohen Töne der Instrumente oder der Stimmen zu hören. Was das Verstehen derjenigen anbelangt, die zu mir sprechen, so ist es erstaunlich, daß manche von ihnen meine Taubheit überhaupt noch nicht bemerkt haben: Da ich schon immer sehr zerstreut war, haben sie meine Schwierigkeiten beim Hören darauf zurückgeführt. Manchmal ist mir kaum möglich, jemanden zu verstehen, der leise spricht; ich kann zwar die Töne hören, aber ich vermag den Sinn der Worte nicht zu erfassen. Wenn aber jemand schreit, so kann ich das nicht ertragen.«

Trotz der zunehmenden Taubheit, die ihn daran hinderte, seine Musik zu hören oder sie zu dirigieren, fuhr Beethoven fort zu komponieren. Vermutlich war die Welt der Worte für sein musikalisches Schaffen nicht so wichtig. Andererseits ist darauf hingewiesen worden, daß Beethoven, obwohl er sein Gehör verloren hatte und dadurch die linke Hirnhälfte weniger Informationen verarbeiten mußte, da sie nicht mehr damit beschäftigt war, Sprache zu verstehen, gewissermaßen ein typisches »Genie der rechten Hirnhälfte« sei (Ehrenwald). Beethoven hatte eine miserable Handschrift und machte Schreibfehler, die Gegenstand besonderer Untersuchungen waren: er ließ einzelne Buchstaben aus (so schrieb er etwa »Allego« statt »Allegro«; »empehlen« statt »empfehlen«), vertauschte Buchstaben (»Uppetit«, statt »Appetit«, »Haidn« statt »Haydn«). Diese Schreibfehler gingen einher mit der Schwierigkeit, manuelle Tätigkeiten zu verrichten oder Rechenaufgaben zu lösen. All dies scheint darauf hinzudeuten, daß Bereiche im Vorder- und im Zwischenhirn der linken Hemisphäre gestört waren. Beethoven litt unter seiner Taubheit (»Seit fast zwei Jahren habe ich keine gesellschaftlichen Kontakte mehr, da es mir unmöglich ist, den Leuten zu sagen: Ich bin taub. Wenn ich irgendeinen anderen Beruf hätte, könnte ich mein Gebrechen bewältigen, aber in meinem Beruf ist es eine schreckliche Beeinträchtigung«). Seine rechte Hirnhälfte jedoch hörte offenbar nicht auf, weiterhin Musik hervorzubringen.

Zusammenfassend läßt sich feststellen, daß das Gehirn eines Musikers eine sehr komplexe Organisation aufweist, die ein Zusammenwirken beider Hemisphären erforderlich macht. Diese Art der Organisation hat sich vermutlich im Laufe der

Zeit mit der Fortentwicklung der musikalischen Produktion und der Instrumentierung verändert. Der gleichzeitige Einsatz beider Hände ist allmählich zu einer wesentlichen Voraussetzung für das Spielen geworden und wird zweifellos in seiner zeitlichen Koordination von der linken Hemisphäre gesteuert und kontrolliert. Viele Musiker haben unter Beweis gestellt, daß sie Musik lediglich mit der rechten Hirnhälfte hören und komponieren können, so daß diese als der für die Schaffung musikalischer Werke entscheidende Teil des Gehirns anzusehen ist. Auch bei demjenigen, der sich Musik nur zum eigenen Vergnügen anhört, ohne beruflich mit Musik zu tun zu haben, dominiert vermutlich diese Hirnhälfte. Die spezifische Rolle beider Hemisphären hinsichtlich der Verarbeitung von Musik zeigt sich, wenn bestimmte Aspekte (Rhythmus, Melodie) oder kulturelle Faktoren (Fachkenntnisse auf dem Gebiet der Musik, kulturelle Unterschiede der Musik beispielsweise zwischen westlicher und japanischer Musik, getrennt betrachtet werden.

Das Gehirn eines Sportlers

Hände und Gehirn

Ich kann nicht davon ausgehen, daß meine Leser allesamt entweder Sportler oder zumindest Sportfans sind und die Sportsendungen verfolgen und daß ihnen infolgedessen der hohe Anteil an Linkshändern bei den Sportlern aufgefallen ist. Daher möchte ich mich im folgenden auf eine kürzlich erschienene Dokumentation stützen, die zahlreiche aufschlußreiche Abbildungen enthält. In der ersten Ausgabe der damals neuen italienischen Sportzeitschrift *L'Illustrazione dello Sport* findet sich ein Bericht über den Fechtsport mit hevorragenden Aufnahmen von den im Juli 1982 in Rom durchgeführten Weltmeisterschaften. Diese Aufnahmen zeigen jeweils die beiden Gegenspieler, bei denen es sich entweder um zwei Rechtshänder oder um zwei Linkshänder bzw. einen Rechts- und einen Linkshänder handelt (Abb. 20).

Unter den 26 auf diesen Fotos abgebildeten Fechtern konnte ich 9 Linkshänder ausmachen (dies entspricht 34,6 Prozent) sowie 17 Rechtshänder: 4 Linkshänder spielen in der ungarischen Mannschaft, die zu den erfolgreichsten der Welt gehört. Ebenfalls in Nr. 1 dieser Zeitschrift sind in einem Bildbericht die »großen Schläge von zwanzig Tennisweltmeistern« im Bild festgehalten, wobei vier (also 20 Prozent) der Tennisspieler die linke Hand benutzen; Nr. 2 dieser Zeitschrift enthält zwei analoge Aufnahmen der beiden Tennismeister John McEnroe und

Jimmy Connors, die beide Linkshänder sind (Abb. 21). Der Anteil an Linkshändern in der Gesamtbevölkerung variiert je nach der Art der durchgeführten Untersuchung bzw. der dabei zugrundegelegten Methodik, erreicht aber kaum die 10-Prozent-Marke. In der bereits im Zusammenhang mit der Linkshändigkeit bei Künstlern erwähnten Untersuchung über die Linkshänder in der italienischen Bevölkerung ergab sich ein Anteil von 6,4 Prozent. Werte von 34,6 Prozent für den Fechtsport bzw. von 20 Prozent beim Tennis sind also durchaus imposant. Grundlage hierfür waren zwar nur die in einer Zeitschrift abgebildeten Fotos und auch nur die beiden genannten Disziplinen, aber eine umfassende Erhebung von Daten über den Anteil an linkshändigen Sportlern würde diesen hohen Prozentsatz nur noch bestätigen.

Eine Durchsicht der im Juli 1982 von der internationalen Assoziation der professionellen Tennisspieler (ATP) erstellten Tabelle ergibt beispielsweise, daß von den 50 Tabellenführern 9 (d.h. 18 Prozent) Linkshänder sind, darunter die ersten drei Tennismeister (McEnroe, Vilas und Connors). Systematische Erhebungen zu diesem Phänomen liegen nicht vor. Aber es gibt eine aufschlußreiche Untersuchung, die von den kanadischen Psychologen Porac und Coran an 1084 Sportlern aus 15 verschiedenen Disziplinen durchgeführt wurde. Die beiden Wissenschaftler sind mit Hilfe eines Fragebogens, in dem es um den Einsatz von Gliedmaßen und Augen bei verschiedenen Aktivitäten ging, der Frage nachgegangen, welche Hand, welcher Fuß bzw. welches Auge dabei jeweils bevorzugt verwendet wird, ob die rechte oder die linke Seite stärker in Aktion tritt. Dann wurde ermittelt, ob eine Dominanz vorliegt (rechts oder links), wie es um die Konsistenz bestellt ist (ob also unabhängig von der festgestellten Dominanz bei allen im Fragebogen angesprochenen Aktivitäten stets jeweils dieselbe Hand verwendet wird, bzw. für welche Aktivität die rechte und für welche die linke Hand eingesetzt wird; bei gemischter Präferenz liegt im allgemeinen Beidhändigkeit vor); ob eine Kongruenz zwischen Hand und Fuß, Hand und Auge sowie Fuß und Auge gegeben

Abb. 20: Brigitte Gaudin (Frankreich) und Nailia Giliazova (UdSSR).

war (so wurde beispielsweise untersucht, ob jemand, der sich der rechten Hand bedient, auch den rechten Fuß und das rechte Auge einsetzt, oder ob er beim Fußballspiel mit dem linken Fuß kickt). Im Vergleich zu einer Kontrollgruppe ergab sich hinsichtlich der Dominanz einer der beiden Hände keine Differenz. Die Anzahl der Rechtshänder unter den Sportlern ist genauso groß wie unter den Nicht-Sportlern. Allerdings liegt bei letzteren eine größere Konsistenz bezüglich der dominanten Hand vor: Unabhängig davon, ob sie nun die rechte oder die linke Hand benutzen, kommt es bei ihnen seltener vor, daß sie für irgendeine Tätigkeit die nichtbevorzugte Hand einsetzen. Dagegen kommt es bei den Sportlern durchaus vor, daß sie für bestimmte Tätigkeiten die nichtdominierende Hand verwenden (z.B. die linke), auch wenn bei ihnen eine bestimmte Dominanz vorliegt (in diesem Fall also die der rechten Hand). Demnach wäre also die Beidhändigkeit bei den Sportlern eher anzutref-

Abb. 21: Jimmy Connors (links) und John McEnroe.

fen als eine ausgesprochene Linkshändigkeit. Dennoch steht
eindeutig fest, daß unter den besonders erfolgreichen Sportlern
die Anzahl der Linkshänder sehr hoch ist, wenn man auch
nicht den umgekehrten Schluß daraus ziehen kann, daß man
Linkshänder sein müsse, um ein Spitzensportler zu werden.
Dies trifft nämlich nicht zu für die Fechter Michele Maffei und
Dorina Vaccaroni oder für die Tennisspieler Adriano Panatta
und Nicola Pietrangeli (um nur einige der in der Zeitschrift »Illustrazione dello Sport« abgebildeten italienischen Sportler zu
nennen).

Man kann nun die Hypothese aufstellen, sportliche Aktivitäten seien häufig mit dem Gebrauch beider Hände verbunden
und diejenigen, die von Natur aus Linkshänder sind, hätten ge-

genüber den Rechtshändern von vorneherein gewisse Vorteile, die es noch näher zu bestimmen gilt.

Zweierlei ist hierbei allerdings zu bedenken: zum einen das Leistungsniveau des Sportlers und zum anderen die von ihm ausgeübte Sportart. Es liegt natürlich auf der Hand, daß bei demjenigen, der täglich sportlich aktiv ist und viele Stunden Training bzw. Wettkämpfe absolviert, diese Tendenz zur Beidhändigkeit deutlicher in Erscheinung tritt als bei jemandem, der nur hin und wieder Sport treibt und sich nicht an Wettkämpfen beteiligt. Ferner ist zu bedenken, daß es einige Disziplinen geben mag, zu denen vermutlich das Fechten und das Tennisspiel zählt, bei denen mehr als bei anderen eine Verschiebung von der Rechtshändigkeit hin zur Beidhändigkeit erforderlich ist.

Über die Frage, warum diese Tendenz zum aktiven Einsatz nicht nur der rechten, sondern auch der linken Hand besteht, läßt sich eine Hypothese aufstellen. Dieses Phänomen scheint bei den Fechtern und Tennisspielern besonders ausgeprägt in Erscheinung zu treten, vielleicht auch bei den Baseballspielern (Baseballfans werden sich an den großen Babe Ruth erinnern, der als Linkshänder den Ball mit seinem Schläger ins Aus schlug). Sowohl beim Fechten als auch beim Tennis wird mit Hilfe eines Gerätes gespielt (Florett bzw. Schläger), das in einer Hand gehalten wird, um damit ein vom Gegenspieler in Bewegung gesetztes Objekt (dessen Florett bzw. den Ball) abzuschlagen. Dieser motorische Vorgang vollzieht sich in einem relativ ausgedehnten Raum, in dem sich der Betreffende hin- und herbewegt. Die Bewegung des Spielers im Raum ist abhängig von der seines Gegenspielers, beim Tennis auch von der des ihm zugespielten Balls. Um das betreffende Objekt zu treffen, muß das Gehirn des Spielers die Bewegungen der Hand und der Beine koordinieren und gleichzeitig fortlaufend die Bewegungen seines Gegenspielers bzw. des Balls analysieren. Es bedarf also jeweils einer ganz exakten Einschätzung der eigenen Position im Raum wie auch derjenigen des anderen, um zu einem gegebenen Zeitpunkt angemessen reagieren zu können und den

Schlag abzuwehren oder den Ball zurückzuschlagen. Hierbei vollzieht also der Betreffende eine Analyse der beiden im Raum sich bewegenden Körper, berechnet dann die Geschwindigkeit, mit der sie sich fortbewegen, sowie die eingeschlagene Richtung, um so die Position des eigenen Körpers entsprechend darauf einstellen und die erforderlichen Bewegungen vollziehen zu können.

All diese Vorgänge spielen sich in Bruchteilen von Sekunden ab. Wie wir aus Untersuchungen über die Spezialisierung der beiden Hirnhälften wissen, wird die räumliche und zeitliche Analyse eines in Bewegung befindlichen Objektes von der rechten Hirnhälfte durchgeführt. Es handelt sich dabei um die Analyse der Bewegung eines Objektes in einem dreidimensionalen Raum, die nicht nur präzise sein muß (wozu es der rechten Hemisphäre bedarf), sondern auch überaus rasch zu erfolgen hat (daher ist also der kürzeste Übertragungsweg für die motorischen Bewegungsabläufe der beste). Die linke Hand wird direkt von der rechten Hemisphäre gesteuert und ist infolgedessen gegenüber der rechten Hand im Vorteil, die den von eben dieser Hemisphäre ausgearbeiteten Bewegungsablauf durch die linke Hemisphäre übermittelt bekommt, so daß sich der Übertragungsweg zwar nur minimal verlängert, aber eben eine Verzögerung um entscheidende Tausendstel von Sekunden eintritt. Rechtshändige Sportler neigen also dazu, wann immer dies möglich ist, die linke Hand einzusetzen, um diesen Nachteil auszugleichen, worauf offenbar der hohe Anteil der Beidhändigkeit zumindest bei manchen Disziplinen zurückzuführen wäre. Die Linkshänder stünden also besser da, weil sie sich nicht erst auf links umstellen müssen, wie dies beim Rechtshänder der Fall ist.

Das Zusammenspiel von Händen und Gehirn kann je nach Sportart unterschiedlich geregelt sein; noch komplizierter scheinen die Dinge zu liegen, wenn man der Frage nachgeht, welches Auge und welcher Fuß dominiert und ob sie auf der gleichen Körperseite liegen wie die dominierende Hand. Die von Porac und Coran durchgeführte Untersuchung ergab beispielsweise, daß bei den besten Baseballspielern Hand und Auge jeweils eine unterschiedliche Dominanz aufweisen. Dabei wurde für den Fall des rechtshändigen Spielers folgende Erklärung gegeben. Wenn er zum Schlag ansetzt, hält er den Schläger auf der rechten Seite zu demjenigen hin gerichtet, dem er den Ball zuspielen will, während er die linke Seite dem Gegner zuwendet, der ihm den Ball zuspielt. Die linke Seite des Gesichtsfeldes, die Richtung also, aus welcher der Ball kommt, wird vollständig vom linken Auge und nur teilweise vom rechten Auge übersehen. Der rechtshändige Spieler, bei dem das linke Auge dominiert, ist folglich gegenüber dem Rechtshänder überlegen, bei dem das rechte Auge dominiert, das demjenigen zugewandt ist, dem er den Ball zuspielt.

Bei anderen Sportarten, wie dem Tennis oder dem Gewehr- bzw. Pistolenschießen, ist derjenige Sportler im Vorteil, bei dem die dominierende Hand und das dominierende Auge der gleichen Körperseite angehören. Hier kann nämlich das Auge diejenige Hand kontrollieren, die sich innerhalb seines Gesichtsfeldes bewegt. Sie können selbst eine Probe aufs Exempel machen: Bewegen Sie den Schläger (oder einen Stift) mit der rechten (oder der linken) Hand und halten dabei das rechte (bzw. das linke) Auge geschlossen, ohne den Kopf zu drehen; Sie werden feststellen, daß es einen dunklen Fleck im Gesichtsfeld gibt, in dem die Bewegungen Ihrer Hand nicht mehr zu sehen sind. Beim Schießen spielt auch die Kongruenz von Auge und Fuß eine Rolle: Wer die Pistole in der rechten Hand hält, zielt im allgemeinen mit dem rechten Auge und setzt den linken Fuß vor. Eine gemischte Form der Dominanz scheint hier am wenigsten vorteilhaft zu sein. Dies gilt jedoch nicht für die Gymnastik, da dort die kombinierte Dominanz von Hand und Auge und von Fuß und Auge mit besseren sportlichen Leistungen gekoppelt ist. Nach Meinung von Porac und Coran kann die vollständige Dominanz eines Körperteils zu einem Ungleichgewicht führen, so daß eine ständige Korrektur dieser einseitigen Dominanz erforderlich wird. Bei der Gymnastik wäre die Bewegung eines Körperteils unharmonisch (z.B. die

Abb. 22: Nadia Comaneci.

eines Armes an den Ringen oder eines Beines beim Bockspringen), bei dem im Vergleich zur anderen Seite eine Dominanz vorliegen würde. Die gemischte Dominanz scheint hier die eindeutige Verlagerung zugunsten der rechten bzw. der linken Seite zu verhindern und symmetrischere Bewegungsabläufe der beiden Körperhälften zu gewährleisten (Abb. 22).

Untersuchungen über die funktionale Organisation des Gehirns eines Sportlers, die die an dessen Wahrnehmungsfähigkeit und Motorik gestellten Erfordernisse berücksichtigen und erforschen, welche Hand und welcher Fuß bei den einzelnen Sportarten jeweils aktiv wird, stehen noch ganz am Anfang. Die bislang vorliegenden Daten deuten jedoch darauf hin, daß es eine Vielzahl individueller Varianten gibt und daß für die Bestimmung der zwischen den einzelnen Sportlern bestehenden Unterschiede die jeweils ausgeübte Sportart eine wichtige Rolle spielt. Es gibt darüber hinaus weitere Faktoren, die sich auf die Leistungsfähigkeit eines Sportlers auswirken, etwa seine Persönlichkeit oder seine Motivationen. Beschränken wir uns jedoch auf die neuropsychologischen Faktoren, so stellt die Tagesperiodik eine weitere Variable für die individuellen Unterschiede dar.

Frühaufsteher und Nachteulen

Beim Menschen gibt es, wie bei allen lebenden Organismen, Biorhythmen von unterschiedlicher Periodik: Der Zyklus von Wachen und Schlafen beispielsweise ist ein Rhythmus von rund 24 Stunden Dauer (der auch als Tagesperiodik bezeichnet wird), der Monatszyklus der Frau dauert ungefähr 28 Tage. Wir alle kennen in der Verwandtschaft oder im Freundeskreis *Morgenmenschen* und *Abendmenschen* oder, anders gesagt, *Frühaufsteher* und *Nachteulen*. Erstere sind schon am frühen Morgen frisch und munter und unternehmungslustig, letztere werden dies erst gegen Abend. Die einen arbeiten gerne morgens, die anderen kommen nicht aus dem Bett, um sich an die Arbeit zu machen. Die einen sind am Abend todmüde, die anderen feiern am liebsten die halbe Nacht hindurch. Auch die Sexualbeziehungen werden durch die Tagesperiodik der beiden Partner beeinflußt. Es wurde sogar behauptet, viele Ehen scheiterten an einer mangelnden Übereinstimmung der Tagesperiodik: wenn der eine Partner munter ist, schläft der andere, und umgekehrt.

Es ist kaum zu glauben, aber bei einem Großteil der psychologischen Forschungsarbeiten wurden diese individuellen Unterschiede in der Tagesperiodik nicht berücksichtigt. So wird etwa die Leistungsfähigkeit einer Gruppe von Studenten mit Hilfe eines Tests ermittelt, der im allgemeinen morgens stattfindet; wie viele dieser Studenten mögen aber zu den Abendmenschen zählen, die bessere Leistungen erbringen würden, wenn sie wenigstens am späten Nachmittag geprüft würden? Die einzigen Bereiche, in denen die Tagesperiodik angemessen berücksichtigt worden ist, sind in der Angewandten Psychologie die Bereiche der Arbeitswelt, des Militärs und in jüngster Zeit auch des Sports. Denken wir nur an die Arbeitnehmer, die abwechselnd in der Früh- und in der Spätschicht arbeiten müssen, oder an die Unfälle, die dadurch verursacht werden können, daß ein Morgenmensch nachts arbeiten muß bzw. ein Abendmensch morgens zur Arbeit gehen muß, wenn sein Organismus noch ein maximales Schlafbedürfnis hat. Oder denken wir an jemanden, der Wache schieben oder ein Radargerät überwachen muß, und dies zu einer Tageszeit, in der aufgrund natürlicher Vorgänge seine Aufmerksamkeit stark reduziert ist. Die Wahrnehmung, die Aufmerksamkeit, das Gedächtnis, die sogenannten kognitiven Prozesse, sind keineswegs unabhängig vom allgemeinen »Tonus« des Organismus, wie der Grad seiner Aktivierung auch bezeichnet wird. Beim Erwachen ist dieser Tonus sehr niedrig, dann steigt er allmählich an, um beim Einschlafen erneut abzusinken. Es gibt also einen optimalen Grad der Aktivierung, bei dem jegliche psychische Leistung besser ausfällt. Morgenmenschen erreichen dieses Optimum früher am Tag als Abendmenschen.

Der Grad der Aktivierung wird durch die sogenannte ›formatio reticularis‹ gesteuert, ein subkortikales Teil des zentralen Nervensystems, das zu diesem Zweck mit anderen subkortikalen Zentren (wie etwa dem Hypothalamus) verbunden ist, durch welche die Regelung der Primärbedürfnisse wie Hunger und Durst erfolgt. Luria hat diesen Komplex von Hirnstrukturen als »Einheit für Tonus und Wachheit« bezeichnet, weil er für den Wach-Schlaf-Rhythmus und die Steuerung der Verhaltensweisen zuständig ist. Der zweiten funktionalen Einheit obliegt die Verarbeitung und die Dekodierung der von Umwelt und Gedächtnis übermittelten Informationen. Die dritte funktionale Einheit ist unmittelbar für die Programmierung und Steuerung des Verhaltens verantwortlich. Die erste Einheit befindet sich im subkortikalen Bereich, die zweite und die dritte im vorderen bzw. im hinteren Teil der Hirnrinde (Abb. 7). Die subkortikalen und die kortikalen Funktionen arbeiten nicht unabhängig voneinander, sondern sind im globalen Funktionsablauf des Gehirns eng miteinander verschaltet. Sehr vereinfachend kann man sagen, daß die subkortikalen Zentren den allgemeinen Tonus bestimmen, den Verhaltenshintergrund (Schlafen, Wachen, Gefühlsregungen), während die Hirnrinde die Inhalte vermittelt (Lesen, Schreiben, Sprechen usw.).

Einige sowjetische Psychologen haben schon vor längerer Zeit darauf hingewiesen, welche wichtige Rolle die individuellen subkortikalen Unterschiede für das Verhalten spielen, aber ihre Untersuchungen sind im Westen kaum beachtet bzw. nicht richtig interpretiert worden und haben daher kaum Auswirkungen auf die Forschung im Westen gehabt. Wie bereits erwähnt, ist dieses Problem in einigen Bereichen der Angewandten Psychologie, unter anderem auch im Bereich des Sports, erneut aufgegriffen worden. Vor einiger Zeit wurde der Einfluß der Tagesperiodik auf das Leistungsniveau von Golf- und Wasserball-Spielern untersucht. Diese beiden Sportarten wurden deshalb ausgesucht, weil im allgemeinen die eine morgens, die andere abends ausgeübt wird und zu erwarten stand, daß die Tageszeit, zu welcher die Wettkämpfe angesetzt werden, für die Leistung des Sportlers ausschlaggebend ist. Es stellte sich heraus, daß die Amateure weder ausgesprochene Morgen- oder Abendmenschen waren, also eine Zwischenkategorie bildeten, während die Profis, die in Nationalmannschaften spielten, entweder Morgenmenschen oder Abendmenschen waren, je nachdem, ob sie Golf oder Wasserball spielten. Die Zugehörigkeit zu der Zwischenkategorie kann ebenfalls ein Optimum darstellen, wie sich bei Angehörigen der Nationalmannschaft des Fünfkampfes ergeben hat, einer Disziplin also, bei der die Wettkämpfe zu verschiedenen Tageszeiten durchgeführt werden.

Sowohl im Hinblick auf die Tagesperiodik als auch auf die Beidhändigkeit von Sportlern stellt sich die Frage, ob hier eine Veränderung der individuellen psychophysiologischen Organisation vorliegt. Wird ein Sportler zu einem Beidhänder oder einem Abendmenschen, weil er einen bestimmten Sport ausübt, oder übt er ihn aus, weil er ein Beidhänder oder ein Abendmensch ist? Diese Frage stellt sich allerdings in allen Bereichen der Psychologie, und zwar geht es letztlich darum, inwieweit das Verhalten durch angeborene bzw. durch erworbene Faktoren bestimmt wird. Auf diese Frage hat es sehr viele Antworten gegeben, aber es ist nie eindeutig klargestellt worden, ob sich die individuellen psychischen Unterschiede, wenn sie erst einmal nachgewiesen sind, auf Unterschiede der Physiologie und des Gehirns zurückführen lassen. Ist dies aber der Fall, so besteht der Verdacht, diese Erkenntnisse der Psychologie seien vom Rassismus diktiert: Ein Weißer schneidet in einem psychologischen Test besser ab als ein Schwarzer, weil sein Gehirn grundlegend anders ist.

Um nun aber feststellen zu können, daß es hinsichtlich der funktionalen Hirnorganisation individuelle Unterschiede gibt, reicht es nicht aus, allein von psychischen Unterschieden auszugehen. Hierzu müssen vielmehr die Hirnfunktionen unmittelbar untersucht werden, um Unterschiede erkennen zu können, die für das Verhalten eine Rolle spielen. Statt dessen wird das Gehirn untersucht, um bei einer repräsentativen Anzahl von Individuen die »durchschnittlichen« Funktionen ermitteln zu können. So wird etwa, um auf das Thema dieses Kapitels zurückzukommen, der Frage nachgegangen, wie schnell bei hundert Studenten, die in einem nüchternen Laboratorium sitzen, eine motorische Reaktion der Hand im Durchschnitt vor sich geht, aber nicht der Frage, wie ein Tennisspieler tatsächlich reagiert, wenn er in einer realen Wettkampfsituation den Ball zurückschlägt. Die sich hierbei ergebenden Daten sind zwar nicht generell irrelevant, aber sie sind sehr wahrscheinlich nicht geeignet, um ein Gehirn zu beschreiben, das in einer realen Situation in Aktion tritt und nicht in einem Laboratorium. Andererseits wäre der Einwand nicht berechtigt, die Untersuchung der Hirnorganisation eines Sportlers sei von geringem Interesse, weil die Sportler innerhalb der Gesamtbevölkerung nur eine Minderheit ausmachten. Dann wären nämlich auch die Architekten, die Musiker, die Wissenschaftler und alle anderen Individuen eine Minderheit. Es liegt auf der Hand, daß letzten Endes all diese Minderheiten zusammengenommen das sind, was den Menschen tatsächlich in seiner vielfältigen Individualität ausmacht.

Die Entscheidung, ein »durchschnittliches« Gehirn zu untersuchen und nicht viele einzelne »Gehirne«, kann man als methodologisch notwendig erachten, so wie man auch das Atom untersucht und nicht die Atome, die Kiefer und nicht die Kiefern, die Ameise und nicht die Ameisen. Und dennoch muß man feststellen, wenn man bei der Untersuchung der evolutionären Entwicklung zur »Avantgarde« vordringt, daß plötzlich die Individualität eines Lebewesens eine Rolle spielt und nicht mehr nur seine Zugehörigkeit zu einer Gattung. Als Pawlow das Verhalten der Hunde untersuchte, mußte er angesichts der großen individuellen Unterschiede auf jeden von ihnen namentlich Bezug nehmen und immer genau angeben, daß ein bestimmtes Verhalten bei Boby und nicht bei Dick aufgetreten war. Pawlow führte diese Verhaltensunterschiede auf Unterschiede der Gehirntätigkeit der einzelnen Hunde zurück. Das menschliche Verhalten läßt sich natürlich noch weniger verallgemeinern, indem man beispielsweise die Behauptung aufstellt, der Mensch arbeite mit der rechten Hand, weil diese die dominierende Hand sei (und folglich von der dominierenden linken Hirnhälfte gesteuert werde). Es stellt sich nämlich die Frage: bei welchem Menschen und bei welcher Tätigkeit ist dies so? Wenn er ein Instrument spielt, wenn er Sport treibt? Handelt es sich um einen Berufsmusiker oder um einen Fechter, der eine Goldmedaille gewonnen hat?

Navigation auf hoher See

Die Wikinger des Ostens

Die Frage nach individuellen und kulturellen Unterschieden der Hirnorganisation stellt sich nicht zuletzt auch angesichts der Beobachtung, daß Völker einer »primitiven« Kulturstufe zum Teil ein unglaubliches Orientierungsvermögen entwickelt haben.

Schon bei ihren ersten Entdeckungsreisen nach Ozeanien waren die europäischen Seefahrer zutiefst beeindruckt von der ungemein großen Erfahrung und Meisterschaft auf dem Gebiet der Navigation der auf dieser Inselgruppe lebenden Menschen. Im Jahre 1696 notierte der aus Kalabrien stammende Giovanni Francesco Gemelli Careri bei seiner Pazifiküberquerung von den Philippinen nach Amerika seine Beobachtungen, die in den folgenden Jahrhunderten in den Berichten von Forschern und Anthropologen bestätigt wurden:

»Besonders beeindruckend sind die kleinen Boote dieser Inseln, sowohl im Hinblick auf ihre Bauart, als auch auf ihre Geschwindigkeit. Sie bestehen aus zwei gebogenen, ausgehöhlten Baumstämmen, die mit »vexuco« oder spanischem Rohr aneinandergebunden sind. Ihre Länge beträgt fünf bis sechs Ellen*; und da sie nicht mehr als vier Spannen** breit sind und daher leicht umschlagen könnten, werden an

---

* Altes Längenmaß: beträgt regional unterschiedlich zwischen ca. 60 und 70 cm.
** Altes grobes Längenmaß, von der Spitze des Daumens bis zur Spitze des kleinen Fingers oder Zeigefingers bei ausgespannter Hand.

den Seiten weitere Baumstämme befestigt, die sie im Gleichgewicht halten; und für die Passagiere dieser nur von drei eingeborenen Seeleuten gesteuerten Boote wird in der Mitte ein Gerüst angebracht, das von der einen zur anderen Seite über das Wasser reicht, und dort können die Leute nach Belieben hin- und herlaufen. Von den drei Seeleuten ist der eine in der Mitte immer damit beschäftigt, das Wasser herauszuschöpfen, das unvermeidlich von oben und durch die Fugen in das Boot dringt, die anderen beiden stehen vorne bzw. hinten und sorgen dafür, daß das Boot nicht umschlägt und auf Kurs bleibt. Das Segel entspricht dem, was wir Lateinersegel nennen, es besteht aus einer Matte und ist so groß wie das Boot; daher meiden sie nach Möglichkeit den von achtern kommenden Wind, da er das Boot leicht umwerfen kann. An Geschwindigkeit kommt diesem Boot kein anderes gleich, denn es legt zehn bis zwölf italienische Meilen in der Stunde zurück. Wenn das Boot in der entgegengesetzten Richtung fahren soll, so wird nicht das Boot gewendet, sondern nur das Segel umgehängt, so daß das Heck zum Bug wird und derjenige, der am Heck stand, zum Steuermann wird, und umgekehrt. Soll das Boot gewendet werden, so werden Gepäck und Passagiere hinter das Segel befördert, das sich alsbald wieder dreht und bläht. Dies alles ist so beeindruckend, daß selbst die Spanier es kaum glauben können, die das doch täglich vor Augen haben.«

Seitdem Malinowski 1922 das Buch *Argonauten des westlichen Pazifiks* veröffentlichte, haben die Anthropologen immer wieder darauf hingewiesen, welche zentrale Rolle die Seefahrt und die damit verbundenen Tätigkeiten (Bootsbau, Reisevorbereitungen usw.) für die Bewohner Ozeaniens gespielt haben. Die Seefahrt stellte ja für die Geschichte der Völker des Pazifischen Ozeans, die ständig von einer Insel zur nächsten gezogen sind, das herausragende Phänomen dar. Die Tatsache, daß die Seefahrer des Pazifiks, die »Wikinger des Ostens« (Buck), hunderte von Meilen zurücklegen konnten, ohne über die Navigationsinstrumente zu verfügen, die es den Europäern erst Jahrhunderte später ermöglichten, ähnliche Fahrten zu unternehmen, hat seit jeher Erstaunen hervorgerufen. Doch erst in jüngster Zeit ist die »primitive« Seefahrt im Pazifik eingehender erforscht worden, wobei sich herausstellte, daß diese Menschen über ein unglaublich kompliziertes System von Navigationsregeln und -grundsätzen verfügen. Seit sich der amerikanische Anthropologe Thomas Gladwin in seinem Buch *East is a Big Bird. Navigation and Logic on Puluwat Atoll* (Der Osten ist ein großer Vogel. Navigation und Logik auf dem Puluwat-Atoll) mit dieser Problematik eingehend befaßte, wird das im Pazifik praktizierte Navigationssystem als ein besonders interessantes Beispiel für die komplexe Organisation von Wahrnehmungen und ihrer kognitiven Verarbeitung angeführt, die für eine bestimmte Kultur kennzeichnend ist, da sich hier deutlich zeigt, wie eng die Beziehungen zwischen kulturellen und sozialen Phänomenen und den individuellen geistigen Prozessen ist.

Als Gladwin sich daran machte, das Navigationssystem zu erforschen, das auf Puluwat (einem Atoll der Karolinischen Inseln in Mikronesien) angewandt wird, sah er sich als erstes vor die Schwierigkeit gestellt, uns einen reichen Erfahrungsschatz zugänglich zu machen und in Worte zu fassen, der natürlich bei diesem schriftlosen Volk niemals aufgezeichnet worden ist. Problematisch war nicht allein die Tatsache, daß diese Seefahrer die erforderlichen Kenntnisse nur im Kopf hatten, sondern daß sie diese auch in einer für unser westliches Denken völlig fremden Weise organisiert hatten, und zwar nach einer »Logik«, die sich unmittelbar an den konkreten Bedürfnissen des Alltagslebens und den jeweiligen Gegebenheiten orientierte. Obgleich jede zusammenfassende Darstellung dieses Navigationssystems zwangsläufig eine grobe Vereinfachung bedeutet, so vermögen einige kurze Hinweise wenigstens eine ungefähre Vorstellung von dessen Komplexität zu vermitteln.

Bei der Fahrt von einer Insel zur anderen orientiert man sich im wesentlichen mit Hilfe eines Koordinatensystems, bei dem die Position der Sterne, ferner die Form der Wellen, die Winde, die Klippen und die Art der Seevögel zugrundegelegt werden. Fährt man mit einem Boot von einer Insel aus los, so wird Kurs gehalten, indem man zurückschaut und sich an irgendeinem Bezugspunkt auf dieser Insel orientiert. Fährt das Boot beispielsweise nach Pulusuk, einer Insel im Süden von

Puluwat, so liegt der Kurs auf einer Geraden, die zwischen einer am äußersten Ende von Puluwat befindlichen Baumreihe und dem Mittelpunkt der kleinen Insel Elangelab gezogen wird (Abb. 23). Dieser Kurs ist bei einer westlich oder östlich verlaufenden Strömung entsprechend zu korrigieren: In diesem Fall orientiert man sich einerseits ebenfalls an der Baumreihe auf Puluwat, andererseits jedoch an der rechten bzw. linken Baumreihe auf Elangelab. Um nach Pikelot im Nordwesten zu gelangen, dienen die Baumreihen auf Elangelab und im Norden von Puluwat als Bezugspunkte. Auf der Fahrt nach Satawal im Westen hält der Steuermann Kurs, indem er zurückschaut und die Baumreihe in der Mitte von Puluwat mit einem der Bootshäuser zur Deckung bringt. Ist er auf offener See angelangt und die Insel somit nicht mehr sichtbar, erfolgt die Ortung entweder anhand einer Klippe, von der man weiß, daß sie nach einer bestimmten Strecke zu sehen sein wird, wenn er sich auf dem richtigen Kurs befindet, oder anhand der Form der Wellen, die gegen das Boot schlagen. Gladwin führt drei Arten von Wellen an: die »große Welle«, die »Welle aus dem Norden« und die »Welle aus dem Süden«. Diese drei Arten sind beim bloßen Hinsehen kaum voneinander zu unterscheiden, und in der Tat scheinen die Seeleute von Puluwat hierzu vor allem die Bewegungen des Bootes selbst zu registrieren, genauer gesagt das Gefühl, welches das Schlingern des Bootes bei ihnen hervorruft, auf das sie offenbar sehr sensibel reagieren.

Auch die Vögel sind für sie ein Zeichen dafür, daß sie sich einer Insel nähern. Der Schriftsteller Michener hat die mehr als dreitausend Meilen lange Überfahrt eines Kanus von Bora Bora nach Hawaii geschildert. Interessant ist insbesondere der Augenblick, in dem sich die Anzeichen mehren, daß das Ziel nun nicht mehr weit ist: »(...) die Tatsache, daß die ersten Vögel zu sehen waren, deutete darauf hin, daß in nicht mehr als ungefähr sechzig Meilen Entfernung Land sein mußte. Diese Vermutung wurde bestätigt, als Teura und Tupuna anhand untrüglicher Merkmale der Wellen erkannten, daß die in der Tiefe des Meeres verlaufende westliche Drift des Ozeans unweit von

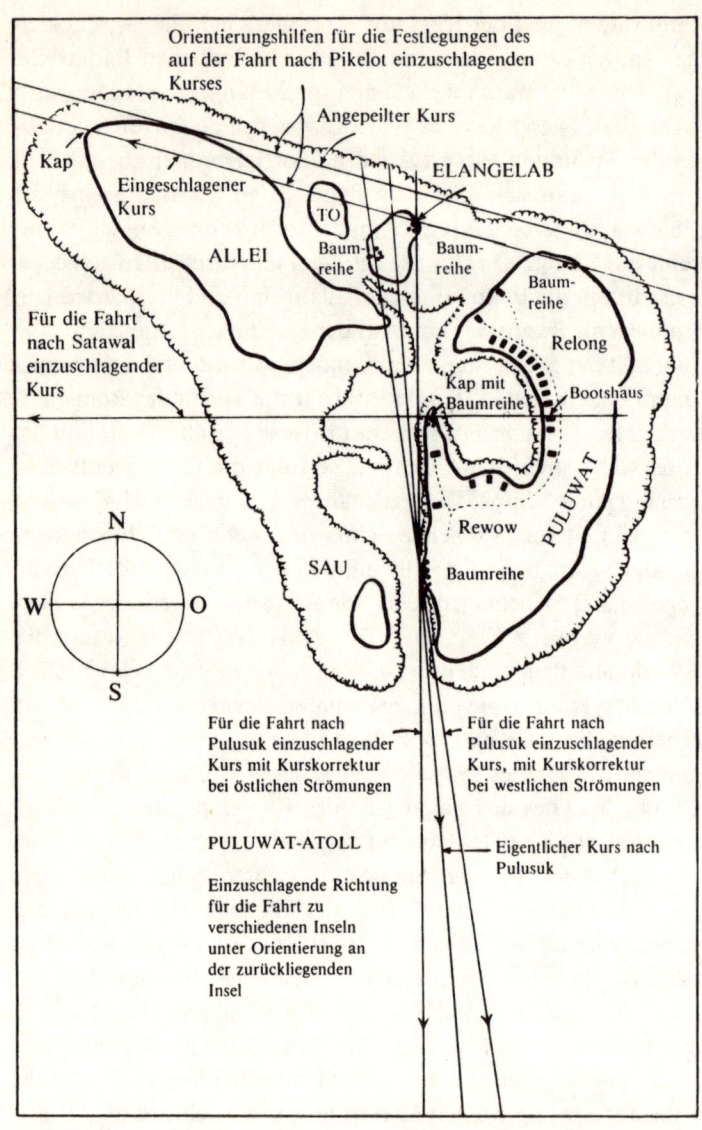

Abb. 23: Kurs nach Pulusuk, Pikelot und Satawal mit den dabei zugrundegelegten Bezugspunkten auf Pulusuk.

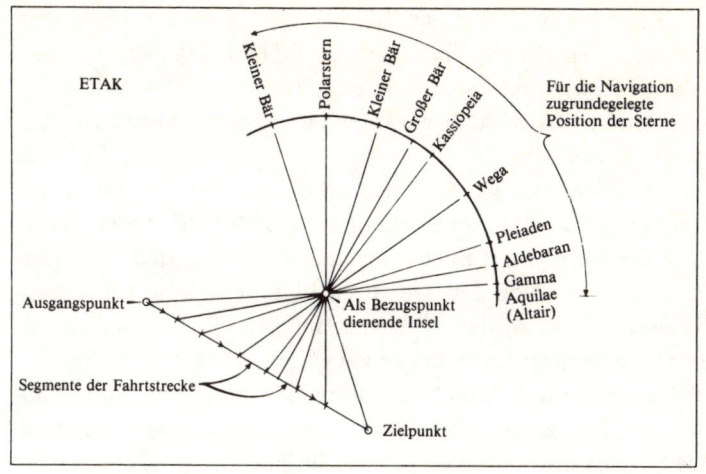

ETAK

Kleiner Bär — Polarstern — Kleiner Bär — Großer Bär — Kassiopeia

Für die Navigation zugrundegelegte Position der Sterne

Wega

Pleiaden
Aldebaran
Gamma Aquilae (Altair)

Ausgangspunkt

Als Bezugspunkt dienende Insel

Segmente der Fahrtstrecke

Zielpunkt

Abb. 24: Das *etak*-Koordinatensystem

ihnen gegen ein Riff brandete, welches die Wellen zurückwarf, so daß sie nun ihren Kurs kreuzten.«

Die Orientierung der Seeleute beruht jedoch in erster Linie auf einem System, das als *etak* bezeichnet wird. Bei der Fahrt von einer Insel zur anderen dient als Bezugspunkt eine weitere Insel, die von diesen beiden Inseln ungefähr gleich weit entfernt ist (Abb. 24). Dabei handelt es sich um eine »ideale« Insel, die während der Überfahrt nicht wirklich zu sehen ist, obgleich der Seefahrer sie möglicherweise von einer früheren Fahrt her kennt. Bei der Abfahrt befindet sich die Insel, die als Bezugspunkt dient, beispielsweise auf einer Linie mit dem Stern *Gamma Aquilae* im Sternbild *Adler* (in dem sich auch *Altair* befindet, »der Große Vogel« der Seefahrer von Puluwat). Während man sich allmählich dem Ziel der Fahrt nähert, verschiebt sich allmählich der Bezugspunkt und liegt jeweils auf einer Linie mit anderen Sternen: In dem in Abb. 24 gezeigten Beispiel mit dem *Aldebaran*, den *Pleiaden* usw., und schließlich mit dem *Kleinen Bär*, der anzeigt, daß man das Ziel der Fahrt erreicht hat. Jedes Segment, das aus der Strecke besteht, die man zwischen zwei der Orientierung dienenden Sternen zurücklegt, wird als ein *etak* bezeichnet. Der Seefahrer von Puluwat weiß, wie viele *etak* es von einer bestimmten Insel zur nächsten sind und kann daher während der Fahrt jederzeit eine Ortung vornehmen.

Wie Gladwin betonte, wird bei diesem *etak*-System die zurückgelegte und die noch bevorstehende Strecke nicht gemessen, wie wir dies mit einer Meilenangabe tun würden. Wenn wir mit dem Auto von der Arbeit nach Hause fahren, dann brauchen wir nicht auf den Kilometerzähler zu schauen, um zu wissen, wie weit wir noch von zu Hause entfernt sind, sondern wir legen dabei uns bekannte Bezugspunkte zugrunde (ein Gebäude, eine Brücke oder dergleichen), den Gegenverkehr, die eigene Geschwindigkeit usw., um die Entfernung sowie die zu ihrer Überwindung benötigte Zeit realistisch einzuschätzen. In ähnlicher Weise haben die Seefahrer von Puluwat einen Plan mit den auf einen Orientierungspunkt bezogenen Segmenten vor Augen, mit dessen Hilfe sie ihren Kurs festlegen und ihn je nach den Erfordernissen (Windstärke, Art der Wellen etc.) korrigieren. Zusätzlich zu den einzelnen *etak* werden für die Navigation außerdem noch die anderen oben erwähnten Orientierungshilfen herangezogen. Das erste *etak* entspricht einer Fahrtstrecke, während derer man hinter sich noch die Insel sehen kann, von der man losgefahren ist (etwa zehn Meilen); das zweite Segment ist das »*etak* der Vögel«, in dem die Vögel so lange zu sehen sind, wie diese von der Küste aus zu fliegen vermögen (ungefähr weitere zehn Meilen). Entsprechendes gilt für die letzten beiden *etak* zu Ende der Fahrt, bei denen erst die Vögel zu sehen sind und dann die Insel in Sicht kommt. Bei den übrigen Segmenten, die man passiert, werden andere Anhaltspunkte zur Orientierung herangezogen: So wird etwa davon ausgegangen, daß im vierten *etak* die Fahrt an einer Klippe vorbeiführt.

Es war bereits die Rede davon, daß die Psychologen das *etak*-System als Beispiel anführen für die Konzeption einer kognitiven Landkarte, die wir uns im Geiste von dem Raum machen, der uns umgibt und in dem wir leben. So haben wir etwa einen Plan von unserer Wohnung im Kopf und können uns auch mit geschlossenen Augen von einem Raum zum anderen bewegen; desgleichen haben wir einen Plan von unserer Stadt vor Augen, auf dem alle Wege verzeichnet sind, die wir zurücklegen müssen, um zu unserem Arbeitsplatz, zu einem Freund oder ins Kino zu gelangen. Die kognitiven Landkarten sind kein vorgegebenes externes Faktum, keine von vorneherein festgelegte Information über unsere Umwelt, sondern ein Schema, anhand dessen wir je nach den uns vorliegenden Informationen und je nach unseren Zielvorstellungen die Umweltinformationen organisieren. Das *etak*-System, bei dem Inseln und Sterne nach einem einfachen und zweckdienlichen Schema einander zugeordnet sind, ist nur für die Seefahrer von Puluwat einfach und zweckdienlich. Dieses System wird in ihrem Gehirn im Laufe vieler Jahrzehnte der Seefahrt allmählich aufgebaut und von einer Generation der nächsten weitergegeben. Es handelt sich um ein System, das nur in dieser Kultur eine Daseinsberechtigung hat, wo es ein unabdingbares Element darstellt, das nicht nur soziale Kontakte, sondern das Überleben schlechthin ermöglicht, wie die Anthropologen nachdrücklich betonen, die sich mit den »primitiven« Gesellschaften des Pazifischen Ozeans befaßt haben.

Hier stellt sich nun die Frage, welche Erkenntnisse sich hieraus für die Forschung der beiden Gehirne ergeben, also der für die verbalen Funktionen zuständigen linken Hemisphäre und der für die visuell-räumlichen Funktionen zuständigen rechten Hemisphäre. Das komplizierte Navigationssystem von Puluwat, das im wesentlichen auf einem System räumlicher Koordinaten beruht, gilt ja als das aufschlußreichste Beispiel für eine besonders hochentwickelte Organisation der Aktivitäten der rechten Hirnhälfte. Die amerikanischen Anthropologen Paredes und Hepburn haben mit einem 1976 erschienenen Artikel über die Beziehung zwischen der Dominanz einer Hirnhälfte und der für ein Volk typischen Art und Weise des Denkens und ihrer Kultur eine breite Diskussion ausgelöst. Da die Seefahrer von Puluwat eine Kultur entwickelt haben, die auf der Navigation und somit auf den visuell-räumlichen Funktionen beruht, so argumentierten sie, sei bei ihnen die Organisation der Gehirntätigkeit weitgehend durch die rechte Hirnhälfte dominiert. Auf dieses Problem der Hirnorganisation bei Individuen, die verschiedenen Kulturen angehören, werden wir an anderer Stelle zurückkommen; zuvor wollen wir jedoch nochmals auf einige Fälle der Orientierung im Raum eingehen, bei denen die Überlegenheit der rechten Hirnhälfte eindeutig festzustehen scheint.

Der Weg nach Hause

Als Zasetskij nach seiner kriegsbedingten Kopfverletzung und seiner Behandlung durch Luria (über die wir auf S. 43 f. berichtet haben) aus dem Krankenhaus entlassen wurde und nach Hause zurückkehrte, mußte er feststellen, daß er sich nicht mehr zurechtfand:

»Ich versuche auch, mich daran zu erinnern, wo im Verhältnis zur Sonne Süden, Norden, Osten und Westen liegen, aber aus irgendeinem Grunde vermag ich das nicht festzustellen, und es fällt mir im Moment sogar schwer zu erkennen, in welche Richtung sich die Sonne bewegt, ob sie nach links oder nach rechts wandert; ich verwechsele sogar Ost und West und kann mich auch nicht mehr daran erinnern, wie man Ost und West erkennt. Leute gehen vorbei, und ich frage sie: ›Wo geht es nach Kazanowka?‹ Einer der Passanten lächelt und gibt keine Antwort, weil Kazanowka genau vor meiner Nase liegt, man sieht es durch die Büsche hindurch. Ein anderer sagt: ›Schau doch, da liegt der Ort ja!‹. Und tatsächlich schaue ich hin und sehe die Häuser von Kazanowka. Es ist merkwürdig, daß ich nicht in der Lage bin, mich zu orientieren; ich kann mich nicht im Raum orientieren (...) ich finde noch nicht nach Hause zurück (sagte er einige Jahre nach seiner Verwundung) (...) ich verlaufe mich, ich vergesse sofort, wo ich zu Hause bin, und oft kann ich mich nicht einmal an das Viertel oder an den Namen der Straße erinnern, in der ich wohne. So läßt mich mein

Kopf nach meiner Verletzung im Stich. Ich muß immer einen Zettel in meiner Tasche mit mir herumtragen, auf dem ich die Straße, in der ich jetzt wohne, und die vollständige Anschrift notiert habe.«

Zu den vielen Störungen, die neben den Sprachstörungen bei Zasetskij aufgetreten waren, zählte also auch die Unfähigkeit, sich im Raum zu orientieren. Die Verletzung betraf die linke Hirnhälfte, und zwar den Scheitel- und den Hinterhauptslappen. Zwar können Störungen des Orientierungsvermögens im Raum unter Umständen auch, wie im Falle Zasetskijs, durch linksseitige Verletzungen hervorgerufen werden, typisch sind sie jedoch für Verletzungen der rechten Hirnhälfte, in der nach allgemeiner Auffassung das »topographische Gedächtnis« lokalisiert ist, oder, wie manche Neurologen früher zu sagen pflegten, das »geographische Zentrum«. Diese Patienten können sich nicht einmal an eine einfache Wegstrecke erinnern, die sie beispielsweise im Krankenhaus auf dem Gang von ihrem Bett zur Toilette zurückgelegt haben; sie vermögen rechts und links nicht zu unterscheiden, sie können keine Landkarte lesen, und nach ihrer Entlassung aus dem Krankenhaus sind sie oftmals nicht einmal imstande, sich an früher vertraute Wege in ihrem Wohnort oder in ihrer eigenen Wohnung zu erinnern. Diese Patienten erkennen vielfach die Bezugspunkte wieder, eine Brücke, einen Kirchturm, einen Laden usw., aber sie sind nicht mehr in der Lage, diese Bezugspunkte zu einem Plan zusammenzufügen, zu einer inneren Landkarte, die es ihnen ermöglichen würde, sich Schritt für Schritt zu orientieren. Dies ist etwa so, wie wenn die Seefahrer von Puluwat die Inseln und die Sterne jeweils für sich und unabhängig voneinander sehen würden, sie aber nicht mehr zu einem *etak*-System zusammensetzen könnten.

Kevin Lynch hat in seinem Buch *Image of the City* (Das Bild der Stadt) die wichtigsten Bezugspunkte aufgeführt, die jeder Mensch verwendet, um im Geiste die Landkarte seiner Stadt zu erstellen (Türme, Brücken, Straßen usw.). Diese Bezugspunkte werden zu einem komplexen Bild zusammengefügt, das von Mensch zu Mensch und, wie Lynch gezeigt hat, auch von Kultur zu Kultur unterschiedlich aussieht. So erkennen die Seefahrer von Puluwat eine Strecke auf dem Ozean wieder, ebenso wie die Eskimo einen bestimmten Weg »sehen«, der durch die unendlichen Weiten der arktischen Landschaft führt, oder wie sich die Beduinen in der Sahara über viele Kilometer hinweg in der Wüste orientieren können. Auf besonderes Interesse ist bei den Anthropologen das Orientierungsvermögen der Ureinwohner von Australien gestoßen. Diese sind aufgrund der ständigen Trockenheit dazu gezwungen, in der Wüste diejenigen Stellen ausfindig zu machen, wo es Wasservorkommen gibt. Die Beschreibung der Wege dorthin wird vom Vater an den Sohn weitergegeben, der sich unter Umständen vor die Aufgabe gestellt sieht, den Weg anhand der inneren Landkarte finden zu müssen, die er sich auf der Grundlage der von seinen Vorvätern überlieferten Informationen zurechtgelegt hat. In einer kürzlich durchgeführten Untersuchung wurde der Orientierungssinn von Kindern der Ureinwohner mit dem von Kindern aus städtischen Regionen Australiens verglichen, wobei sich die Gruppe der Nomaden hinsichtlich der visuell-räumlichen Orientierung als eindeutig überlegen erwies.

Dieser komplizierte Orientierungssinn ist nur schwer in Worten wiederzugeben. Die Gesamtheit der von den Leuten von Puluwat bei ihren Fahrten zugrundegelegten Informationen läßt sich nicht in Worte zerlegen, sondern wird von diesen Menschen als Ganzes »gesehen« oder gehört. Der Anthropologe Gladwin mußte sich häufig durch Rückfragen an seine Lehrmeister versichern, daß er ihre Navigationsanweisungen richtig verstanden hatte, und er wiederholte hierzu mit Worten Stück für Stück die einzelnen Elemente ihres Systems, wobei er begreiflicherweise bei seinen Gesprächspartnern auf Unverständnis stieß. Man denke nur daran, wie verunsichert man reagiert, wenn man von einem Autofahrer gefragt wird, wie man zu einem bestimmten Ziel gelangt: erste Straße rechts, dann immer geradeaus und dann die erste links ... Obgleich wir das Bild dieser Strecke vor Augen haben, macht es uns Schwierigkeiten, es zu beschreiben; und dem Autofahrer seinerseits fällt es schwer, unsere Worte in ein eigenes Bild von der zurückzulegenden Strecke umzusetzen.

Vom ersten Lebensjahr an entwickelt das Kind eine kognitive Landkarte der elterlichen Wohnung. Dieses Schema wird allmählich immer differenzierter, wenn es laufen lernt und sich von einem Zimmer zum anderen fortbewegen kann. Im Laufe der Jahre schließt diese Landkarte dann auch den Wohnort ein, die Nachbarstädte sowie mehr oder weniger ausgedehnte geographische Räume, je nach Art der Aktivitäten des Betreffenden und der Rolle, die diese Aktivitäten in einer bestimmten Gesellschaft spielen. Bei den Seefahrern von Puluwat oder den Ureinwohnern von Australien stellt die Tatsache, daß sie eine umfangreiche und detaillierte Landkarte des Ozeans bzw. der Wüste vor Augen haben, eine unabdingbare Voraussetzung für das Überleben dar. Für den Bewohner einer Großstadt, der jeden Tag die gleichen Strecken im Auto oder in der U-Bahn zurücklegen muß, wobei ihm ständig Verkehrs- und Hinweisschilder den Weg zeigen, spielt die kognitive Landkarte wohl keine so zentrale Rolle. Die Möglichkeit, sich auf äußere Signale zu stützen, macht es nicht in gleichem Maße notwendig, eine komplexe innere Landkarte zu entwickeln. In Holland, wo die Verkehrsbeschilderung ein dichtes Netz bildet, ist mir aufgefallen, daß die Autofahrer auch für kurze Strecken offenbar keine innere Landkarte besitzen, da sie sich sehr viel stärker auf die »externen« Landkarten verlassen können, als dies etwa in Italien möglich wäre.

Die kognitiven Landkarten entwickeln sich von Kindheit an im Gehirn und bilden den Hintergrund für das Alltagsleben eines jeden Menschen. Auch wenn die Wirklichkeit der Außenwelt nicht mehr mit den im Geiste bestehenden Bildern übereinstimmt, leben diese dennoch weiter und rufen dieselben Gefühle hervor, die einst in diesem Raum empfunden wurden, der nun nicht mehr existiert. Der Protagonist in Vasco Pratolinis Roman *Il Quartiere* (Das Viertel) kehrt nach dem Krieg zu den

Straßen und Plätzen des Viertels von Santa Croce in Florenz zurück, aber die Straßen und Plätze sind verschwunden:

»Nun lief ich auf dem weiten Platz umher, wo sich einst die Straßen und Häuser meiner Jugend befunden hatten, wo ich das Licht der Welt erblickt hatte (...). Ich strengte meine Phantasie an, ich versuchte mich an Via de' Pepi und Via dell'Ulivo zu erinnern: ich rief mir unser Haus vor Augen, ich sah das Fenster, aus dem ich mich als Junge gerne hinausgelehnt hatte, um die Sterne zu zählen, eben dort, wo nun ein viereckiger Bretterzaun stand, durch den hindurch man Arbeiter erkennen konnte, die mit Fundamentarbeiten beschäftigt waren. Während ich langsam über den Platz ging, fiel mir auf, daß die Leute ihn nicht diagonal auf dem kürzesten Weg überquerten, sondern instinktiv dem Verlauf der alten Straßen folgten.«

Orientierung im Welt-Raum

Die Orientierung im Raum ist eine Fähigkeit des Gehirns (insbesondere der rechten Hirnhälfte), die unmittelbar mit der Umwelt in Beziehung steht, in der jemand aufgewachsen ist und gelebt hat. Natürlich ist hier mit Umwelt ein bestimmter Teil des Erdballs gemeint, sei es nun eine Stadt in Europa oder in Asien, eine arktische Eislandschaft oder eine Wüste. Wie die kognitive Landkarte im einzelnen aussieht, hängt von den jeweiligen Umweltbedingungen ab, von der geographischen Lage, den Besonderheiten der Stadt usw., sie gibt jedoch stets jenen Teil der Erde wieder, in dem der Betreffende es gelernt hat, sich zu orientieren.

Als Juri Gagarin am 12. April 1961 in den Weltraum vordrang, war er der erste Mensch in der Geschichte der Menschheit, der erfuhr, wie es ist, wenn man sich im Raum bewegt, ohne daß das Gesetz der Schwerkraft Gültigkeit hat, das die Fortbewegung der Lebewesen auf der Erde bestimmt. In seiner Autobiographie schildert Gagarin seine Eindrücke:

»(...) der Übergang zum Zustand der Schwerelosigkeit war allmählich erfolgt; während die Schwerkraft zurückging, fühlte ich mich auf einmal wunderbar wohl. Ich saß nicht mehr auf dem Sitz, sondern schwebte zwischen Kabinendach und Boden. Jede Bewegung vollzog sich mit äußerster Leichtigkeit. Ich fühlte weder Arme noch Beine noch meinen Körper, weil sie keinerlei Gewicht mehr hatten. Ich saß nicht und ich lag nicht: Ich schwebte buchstäblich im Innern der Kabine, ebenso wie alles andere, was vorher nicht befestigt worden war.«

In dem in der Raumfähre herrschenden Zustand der Schwerelosigkeit ist es nicht mehr möglich festzustellen, wo oben oder unten, links oder rechts ist, indem man wie gewohnt mit Hilfe des Gleichgewichtsorgans im Ohr die Position seines Körpers im Verhältnis zur Erde bestimmt. Auch die sonst zur Orientierung herangezogenen visuellen Bezugspunkte fehlen plötzlich. Wenn die Kosmonauten durch das Bullauge schauen und die Erde im Verhältnis zur Raumfähre oben sehen, so entsteht bei ihnen oft der Eindruck, die Erde sei unter ihnen, wie sie es im Verhältnis zum eigenen Körper ja zu sein pflegt. Derartige Illusionen, die durch das Fehlen von Informationen der Augen und des Gleichgewichtssinns hervorgerufen werden, können während der Raumfahrten zu gefährlichen Situationen führen. Das Problem der Orientierung im Weltraum ist zu einem zentralen Forschungsbereich der »Weltraumpsychologie« geworden, wie die sowjetischen Psychologen jenen Teilbereich der Psychologie nennen, der sich speziell mit dem Verhalten des Menschen im Weltraum befaßt.

Noch viel schwieriger wird es für den Kosmonauten, wenn er sich außerhalb der Raumfähre aufhält und nur durch ein Kabel mit dieser verbunden ist. Dann fehlen nämlich selbst jene Bezugspunkte, die ihm innerhalb der Kabine eine Orientierung ermöglichen (der Sitz ist unten, ein bestimmtes Instrument oben rechts usw., jeweils im Vergleich zur Position der Raumfähre, wenn diese auf der Erde steht). Um eine neue kognitive Landkarte entwickeln zu können, die ihnen eine gewisse Orientierungshilfe im Weltraum bietet, werden die Kosmonauten dazu angehalten, die Raumfähre als »unten« anzusehen. Leonow, der Kosmonaut der Woskod-2, berichtete über seinen ersten Ausflug aus der Raumfähre folgendes:

»Während unserer Ausbildung auf der Erde war zur Orientierung außerhalb der Raumfähre ein Koordinatensystem entwickelt worden, bei dem die Raumfähre »unten« war. (...) Wir bedienten uns hierzu eines Modells von der Raumfähre, um die *Vorstellung* (Hervorhebung, L.M.) entwickeln zu können, daß die Raumfähre für uns »unten« sein sollte, und uns dies genau einzuprägen. Diese Vorstellung spielt dann vor allem während des Ausstiegs aus der Raumfähre eine Rolle. Als ich mich zum gegebenen Zeitpunkt vom Raumschiff entfernen wollte, stieß ich mich von der Außenwand ab, was zur Folge hatte, daß mein Körper anfing, in wilden Drehbewegungen um die Längs- und Querachse zu rotieren. Vor meinen Augen drehten sich plötzlich fahle Sterne; sie hoben sich von der unermeßlichen Himmelskuppel ab, deren dunkelviolette Farbe allmählich in samtenes Schwarz überging. Zuerst sah ich nur zwei Sterne. Dann sah ich statt der Sterne die Erde und die Sonne. Letztere erstrahlte in einem großartigen Licht und hob sich wie ein gefaßter Edelstein vom schwarzen Himmel ab. Es war mir nicht möglich, die Drehbewegungen zu stoppen. Sie verringerten sich erst, als sich das Kabel immer mehr verdrillte. Während dieser ganzen Drehbewegungen konnte ich zwar die Raumfähre nicht sehen, dennoch war ich mir voll und ganz ihrer Position bewußt, so daß mir keinen Moment lang die Orientierung fehlte. Meine Position im Raum im Verhältnis zur Raumfähre konnte ich mit Hilfe der Bewegung der Sterne, der Sonne und der Erde bestimmen. Als das Kabel fest gespannt war, bildete es ebenfalls einen guten Bezugspunkt.«

Gagarin und der sowjetische Psychologe Lebedew haben in ihrem Buch über Weltraumpsychologie Orientierungshilfen für die Kosmonauten entwickelt, deren Grundlage ein System räumlicher Koordinaten bildet, das sehr stark an das *etak*-System erinnert, wenn auch gewissermaßen in einer Sciencefiction-Version:

»Die Erde bleibt (ebenso wie Puluwat) der Ausgangs- und Zielpunkt der Fahrt. Die Ortung in der Raumfähre erfolgt mit Hilfe der als Bezugspunkt dienenden Sterne. Die Geschwindigkeit, mit der sich die Raumfähre fortbewegt, ist jedoch im Vergleich zu den ungeheuren Weiten des Universums so minimal, daß der Sternenhimmel vollkommen unbewegt und unverändert erscheint und die Sinnesorgane des Menschen daher nicht in der Lage sind, die Bewegungen des Raumschiffs wahrzunehmen. Die Kosmonauten müssen die Flugbahn mit Hilfe optischer Geräte auf der Grundlage des gegenüber den Bezugsgestirnen gegebenen Winkels berechnen. Die hierbei gewonnenen Daten geben sie in einen Computer ein und erhalten so die Bestimmung der Position des Raumschiffs im vorgegebenen Koordinatensystem. Der Kosmonaut ist jedoch nicht mehr in der Lage, diese Position auf den Erdball zu projizieren. Er muß sich damit abfinden, irgendeinen »abstrakten Punkt« im Raum zu bilden, der nicht im voraus mit dem Teleskop beobachtet werden kann.«

Die Navigation im Weltraum erfolgt also anhand eines abstrakten Koordinatensystems, das von Mal zu Mal aufgrund verschiedener Bezugspunkte je nach Flugbahn und Ziel der Raumfähre festgelegt wird. Der Kosmonaut kann im Gegensatz zu dem Seefahrer von Puluwat nicht mehr die Fortbewegung seines »Schiffes« im Vergleich zu einem Bezugspunkt wahrnehmen, da sein Sehapparat nicht so ausgelegt ist, daß er die große Geschwindigkeit, mit der er sich fortbewegt, registrieren könnte. Er hat das Gefühl, im Raum stillzustehen, und erst nach längerer Zeit kann er erkennen, daß sich die Erde entfernt oder ein Planet genähert hat. Zwar verfügt der Kosmonaut im allgemeinen über eine innere Landkarte vom Weltraum, in den er reist, die Ausarbeitung dieser Landkarte setzt allerdings zwangsläufig den Einsatz eines Computers voraus, der die Daten über die Koordinaten, die Geschwindigkeit der Raumfähre usw. errechnet. Der Computer wird also zum neuen Sensorium, mit dem der Kosmonaut ausgestattet sein muß, um sich im Raum orientieren zu können. Mit den ihm von Natur aus zur Verfügung stehenden Sensorien, die sich für das Leben auf der Erde herausgebildet haben, ist der Mensch nicht in der Lage, im Weltraum zu leben. Die Orientierung im Weltraum stellt uns wohl erstmals vor ein Problem, anhand dessen sich die weitere Entwicklung des menschlichen Gehirns in der Zukunft ablesen läßt. Die Menschen, die in den Weltraum vordringen werden, um ihn zu erforschen, werden sich hierzu ihres eigenen Gehirns bedienen, allerdings in enger Zusammenarbeit mit einem computergesteuerten System zur Analyse der von außen kommenden Informationen. Somit wird der Computer nicht nur wie bisher ein Hilfsmittel zur Unterstützung des menschlichen Gehirns sein, das bei der Verarbeitung der Informationen höhere Geschwindigkeiten und eine größere Speicherkapazität gewährleistet. Dieser Aspekt des Einsatzes von Computern ist allgemein bekannt. Für den Menschen im Weltraum dagegen wird der Computer zu einem wesentlichen Bestandteil seines Gehirns werden: Nur aufgrund der vom Computer gelieferten Informationen wird er in der Lage sein, sich zu orientieren, zu kommunizieren und Entscheidungen zu treffen.

Das Gehirn eines Wissenschaftlers

»Großkopfete«

Während meiner Tätigkeit am Moskauer Institut für Psychologie im Jahre 1972 bat ich darum, das Institut für Hirnforschung besuchen zu dürfen, um zum Abschluß meines Aufenthaltes die bedeutendsten sowjetischen Wissenschaftler auf dem Gebiet der Neurophysiologie und der Psychologie kennenzulernen. Um zu diesem Institut Zugang zu erhalten, genügte es nicht, wie in anderen Fällen, einfach einen Termin zu vereinbaren. Ich mußte mich vielmehr einer besonderen Prozedur unterziehen. In meinem Hotelzimmer erhielt ich Besuch von einem beflissenen Herrn, der mich nach den Gründen für mein Interesse an den in diesem Institut laufenden Forschungsarbeiten befragte. Einige Tage später begleitete er mich in das Institut, wo er mich meinen Kollegen auf dem Gebiet der Neurowissenschaften anvertraute. Ich hatte den Eindruck, daß dieser Herr nur wenig mit dem »Gehirn« zu tun hatte und lediglich ergründen sollte, welche Intentionen ich mit meinem Besuch verband.

Im Nachhinein wurde mir denn auch klar, daß dieses Institut tatsächlich »Großes« birgt und daß dort Forschungsarbeiten laufen, die wie Staatsgeheimnisse behandelt werden. In diesem Institut läuft seit den ersten Jahren seiner Gründung nach der Revolution von 1917 ein großes Projekt zur Konservierung und Erforschung des Gehirns bedeutender Menschen. Diesem

Institut für Hirnforschung in Moskau sind nach und nach die Gehirne herausragender Persönlichkeiten anvertraut worden, angefangen von Politikern, allen voran Lenin und sehr wahrscheinlich auch Stalin, bis hin zu namhaften Vertretern der Kunst, wie Gorkij und Majakowskij, sowie der Wissenschaft, darunter offensichtlich sogar Pawlow, der bedeutendste russische Hirnforscher.

Ich habe nie verstanden, weshalb das Gehirn bedeutender Persönlichkeiten wie ein Staatsgeheimnis behandelt werden sollte. Allerdings handelt es sich hierbei keineswegs um ein rein sowjetisches Kuriosum. Ich erinnere mich, irgendwo gelesen zu haben, daß die Alliierten bei ihrem Eintritt in den Krieg als Voraussetzung für ihre Intervention unter anderem ausdrücklich die Forderung erhoben, das Gehirn Mussolinis sei im Falle seines Todes an die Vereinigten Staaten zu übergeben – und seien es auch nur Teile davon. Daß man auf eine derartige Forderung verfallen konnte, deutet darauf hin, daß es bereits Vorarbeiten auf diesem Gebiet gegeben haben muß, die eine solche Einbeziehung in ein politisch-militärisches Abkommen gerechtfertigt erscheinen ließen. Befragt man allerdings Anatomen, was sie von der Möglichkeit halten, die Form und die sogenannte Zellarchitektur des Gehirns mit großen politischen, künstlerischen, literarischen oder wissenschaftlichen Leistungen eines Individuums zu korrelieren, so erhält man eher skeptische Antworten.

Von sowjetischer Seite (und zwar eben von besagtem Moskauer Institut) wurde seinerzeit ein Buch veröffentlicht, in dem verschiedene Gehirne abgebildet waren, ohne Nennung von Namen und ohne Angaben darüber, ob es sich bei dem Betreffenden um eine Berühmtheit oder um einen Unbekannten gehandelt hat. Den Autoren ging es darum, die großen Unterschiede von einem Gehirn zum anderen aufzuzeigen, die schon bei oberflächlicher Betrachtung ins Auge fallen, wenn man sich nämlich die Form der Hirnwindungen anschaut. Bei einem Gehirn war der Hinterhauptslappen stark entwickelt, bei dem anderen fiel der Scheitellappen recht klein aus usw. Bemerkenswert ist dabei, daß die sowjetischen Autoren davor warnen, diese augenfälligen Unterschiede auf angeborene Charakteristika des Gehirns zurückzuführen und die simplifizierende Schlußfolgerung zu ziehen, ein Mensch, der mit einem bestimmten, im Vergleich zu anderen Menschen größeren Hirnareal zur Welt kommt, werde sich später durch Leistungen auf jenem Gebiet hervortun, dessen Zentrum in eben diesem Areal lokalisiert sei (etwa die Musik oder die Malerei). Diese Unterschiede könnten nämlich, so meinten sie, auch durch eine Interaktion mit der Umwelt bedingt sein, wenn etwa durch das Hören von Musik die entsprechenden Gehirnzentren entwickelt würden. Zur Bestätigung dieser natürlich nicht minder simplifizierenden Gegenhypothese wäre freilich eine Untersuchung der morphologischen Entwicklung des Gehirns von der Geburt an bis ins Erwachsenenalter erforderlich. Ein derartiges Unterfangen scheint indessen zum gegenwärtigen Zeitpunkt praktisch nicht möglich, da nur sehr vage Erkenntnisse über die Entwicklung des kindlichen Gehirns im Verhältnis zu seiner geistigen Entwicklung vorliegen.

Daß verschieden aussehenden Gehirnen auch ein unterschiedlicher geistiger Entwicklungsstand entspreche, ist eine alte und ziemlich weitverbreitete Auffassung, die von ernsthaften Hirnforschern allerdings entschieden zurückgewiesen wird. Erst heute nach fast zweihundert Jahren hat man erkannt, daß die von dem Franzosen Gall begründete Phrenologie, dessen Thesen in den ersten Jahrzehnten des 19. Jahrhunderts von unzähligen Adepten aufgegriffen wurden, zwar übermäßig vereinfachend wirken mag, aber auf einer wohlfundierten Annahme basiert, die noch immer Gültigkeit besitzt. Gall vertrat nämlich die Auffassung, die intellektuellen und ethischen Unterschiede zwischen den Menschen seien auf die zwischen ihren Gehirnen bestehenden Unterschiede zurückzuführen (diese Auffassung verdient nach wie vor Beachtung) und diese individuellen Merkmale ließen sich unmittelbar feststellen, indem man den Schädel in Augenschein nimmt. Wenn am Schädel eine Verdickung, eine Auswölbung zu sehen und zu tasten sei, könne man davon ausgehen, daß sich darunter eine größere Quantität an Hirnsubstanz entwickelt habe, die infolgedessen den Schädel nach außen drückt. Dieser bestimmte, besonders groß geratene Teil des Gehirns sei verantwortlich für besondere intellektuelle Fähigkeiten des Betreffenden wie auch für dessen Tugenden und Laster. Dies stellt zweifellos den Schwachpunkt der Phrenologie dar, durch den ganz zu Unrecht das eigentlich Positive dieser Hypothese in den Hintergrund gedrängt wird (nämlich der Hinweis auf die Beziehung zwischen dem Gehirn und den geistigen Funktionen), und dies zu einer Zeit, in der man glaubte, die Seele sei losgelöst vom Gehirn.

Es ist im Rahmen dieser Arbeit schon mehrfach darauf hingewiesen worden, daß zu den individuellen Unterschieden hinsichtlich der Organisation des Gehirns nur wenige Untersuchungen vorliegen; man könnte fast meinen, die Wissenschaftler hätten Angst, sie könnten sich ebenso lächerlich machen wie die alten Phrenologen, die den Schädel abtasteten, um Auswölbungen aufzuspüren. Es gibt jedoch noch andere Möglichkeiten, eine Korrelation zwischen der Begabung eines Menschen und der funktionalen Organisation seines Gehirns herzustellen. Im Hinblick auf Künstler, Sportler oder Musiker sind wir bereits auf Untersuchungen über typische Kennzeichen der funktionalen Spezialisierung ihrer beiden Hirnhälften eingegangen. Nicht weniger vielversprechend erscheinen die Untersuchungen über das Gehirn von Wissenschaftlern, für die sicherlich nicht gilt, daß ein großer Geist auch einem großen Kopf bzw. einem großen Gehirn entsprechen müsse.

In der Tat hat sich die im 19. Jahrhundert vertretene These nicht bestätigt, zwischen der Größe und dem Gewicht des Gehirns und der Intelligenz bestehe ein direkter Zusammenhang. Damals wurde sogar eine genaue Rangfolge aufgestellt: Die schwersten und damit auch die intelligentesten Gehirne, so hieß es, fänden sich bei den am höchsten entwickelten Rassen (allen voran natürlich die weiße Rasse); innerhalb einer Rasse wögen die Gehirne der Männer mehr als die der Frauen, und bei den Männern schließlich seien die schwersten Gehirne die der Genies.

Trotz der immer wieder vertretenen Behauptung, Größe und Gewicht des Gehirns könnten als Anhaltspunkt für die Intelligenz eines Menschen herangezogen werden, zieht die moderne Wissenschaft einen derartigen Zusammenhang nicht mehr ernsthaft in Betracht.

Gauß

Im übrigen wurde bereits Mitte des 19. Jahrhunderts ein anderer Ansatz verfolgt. Es wurde angeregt, nicht vom Gewicht des Gehirns auszugehen, sondern von seiner Morphologie, insbesondere von Form und Umfang der auf der Oberfläche des Gehirns erkennbaren Windungen. Im Jahre 1860 publizierte Rudolf Wagner seine Beschreibung des Gehirns von C.F. Gauß, des fünf Jahre zuvor verstorbenen »Mathematikkönigs« (Abb. 25). Aus den Abbildungen dieser Publikation ergab sich, daß das Gehirn von Gauß eine größere Anzahl von Windungen aufwies als das eines einfachen Arbeiters. Gauß galt als Inbegriff des Genies und als lebender Beweis dafür, daß die intellektuellen Fähigkeiten des Menschen angeboren seien. Schon als Kind hatte er eine große mathematische Begabung an den Tag gelegt, die er nicht von seinen mittellosen und ungebildeten Eltern erworben haben konnte. Nachdem er von ihnen lediglich in die Grundlagen des Alphabets eingeführt worden war, lernte er das Lesen ohne fremde Hilfe. Niemand brachte ihm das Zählen bei, aber als Erwachsener erinnerte er sich, er habe zählen können, noch bevor er das Sprechen lernte. Das bekannteste Beispiel dafür, was für ein außergewöhnliches Kind er war, ist eine Episode aus seiner Schulzeit. Als ungefähr Zehnjähriger hatte er bei einem Dorfschullehrer Unterricht, der mit Vorliebe seine Schüler mit schwierigen Rechenaufgaben trietzte und verblüffte. In dem berühmten Buch von Bell über die großen Mathematiker wird diese Episode folgendermaßen beschrieben:

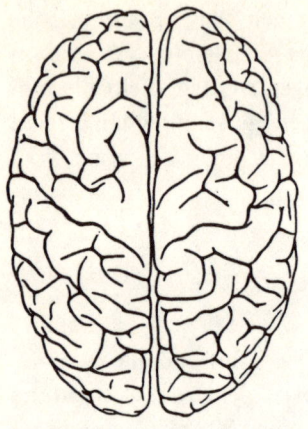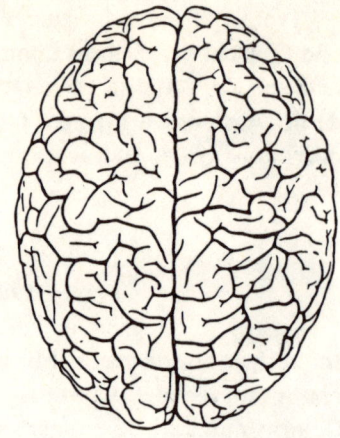

Abb. 25: Die Feststellung, daß das Gehirn von Gauß (rechts) nicht so viel wog, wie man aufgrund seiner Leistungen erwartet hatte, veranlaßte zu der Vermutung, sein Genie sei durch eine größere Anzahl von Hirnwindungen bedingt, als sie etwa das Gehirn eines »Primitiven« aus Melanesien (links) aufweist.

»Der gute Büttner (der Lehrer) machte sich ein Vergnügen daraus, seinen Schülern umfangreiche Aufgaben aufzugeben, für die er selbst die Lösung in wenigen Sekunden fand, beispielsweise die Addition von 81.297 + 81.495 + 81.693 + ... 100.890, wobei die Differenz zwischen zwei aufeinanderfolgenden Zahlen stets die gleiche war (in diesem Falle 198) und hundert Zahlen zu addieren waren. In der Schule war es damals üblich, daß der erste Schüler, der die Aufgabe gelöst hatte, seine Tafel auf die Bank legte, der zweite Schüler legte die seine auf die erste und so weiter. Büttner hatte die Aufgabe kaum fertig erklärt, als Gauß seine Tafel niederlegte: »Fertig«. – »Ligget se«, sagte er in seiner mundartlichen Sprechweise, und saß dann eine Stunde lang mit verschränkten Armen da, während sich seine Kameraden abmühten. Ab und zu wurde er von seinem Lehrer mit einem herablassenden Blick bedacht, da dieser davon ausging, daß der kleinste Schüler in der Klasse auch der größte Dummkopf sei. Wie groß aber war sein Erstaunen, als er sich die Tafeln anschaute und feststellte, daß auf der von Gauß nur eine einzige Zahl geschrieben stand, und zwar die richtige

Summe. Später pflegte Gauß diese Geschichte mit großem Vergnügen zum besten zu geben. Zwar ergibt sich die richtige Zahl ohne Schwierigkeiten, wenn man die arithmetische Reihe kennt, aber niemand hatte Gauß den Trick verraten, wie man derartige Aufgaben rasch lösen kann, und wir müssen zugeben, daß es für einen zehnjährigen Jungen schon eine beachtliche Leistung darstellt, von selbst darauf gekommen zu sein. So hat sich Gauß also unsterblich gemacht. Büttner war derartig verblüfft, daß er seine Unterrichtsmethode änderte und zumindest für einen seiner Schüler ein humaner Lehrer wurde. Er erstand das beste Handbuch, das er finden konnte, bezahlte es aus eigener Tasche und gab es Gauß, der es in Windeseile durcharbeitete. »Er ist besser als ich; mehr kann ich ihm nicht beibringen«, sagte Büttner.«

Diese Episode, die das mathematische Genie von Gauß unter Beweis stellt, ist eines der zentralen Beispiele, auf die sich der deutsche Psychologe Max Wertheimer in seinem Werk stützt, das den Denkprozessen, den zur Lösung eines Problems eingesetzten Strategien gewidmet ist *(Produktives Denken,* 1945). Psychologen wie Wertheimer ging es nicht so sehr darum, das Genie von Gauß auf eine Auswölbung oder auf ein Übermaß an grauer Substanz zurückzuführen, sondern die den Denkprozessen zugrundeliegenden wesentlichen Prinzipien herauszufinden, die also auch die Grundlage der wissenschaftlichen Kreativität bilden.

Die Mathematiker waren schon immer durch ihre besondere Zerstreutheit aufgefallen und dadurch, daß sie ständig in ihre Probleme vertieft sind, so daß sie zusammen mit den Physikern diejenige Gruppe von Wissenschaftlern darstellten, mit denen sich die Psychologen vornehmlich befaßt haben. Was bei diesen Wissenschaftlern immer wieder auffällt und besonders beeindruckt, ist die Tatsache, daß ihnen die Lösung eines Problems, mit dem sie sich seit geraumer Zeit befaßt haben, plötzlich in einer Vision vor Augen steht. Über einen Lehrsatz, über den sich Gauß mehrere Jahre hindurch ohne Erfolg den Kopf zerbrochen hatte, berichtet er in einem Brief: »Endlich habe ich es vor zwei Tagen geschafft, aber nicht durch qualvolle Bemühungen, sondern durch die Gnade Gottes. Wie durch

Abb. 26: Photographie einer Dogge (R.C. James).

einen Blitz der Erleuchtung war das Rätsel plötzlich gelöst. Ich vermag selbst nicht zu sagen, durch welche Leitung das, was ich zuvor wußte, mit dem verbunden worden ist, was meinen Erfolg möglich gemacht hat.«

Beim Denken stellen sich viele scheinbar völlig voneinander unabhängige Fragmente ein – bei Gauß waren dies die Elemente seines Lehrsatzes. Dann plötzlich steht einem die Lösung vor Augen, die Elemente treten zueinander in Beziehung, werden umstrukturiert zu einem gegliederten Ganzen, das zuvor buchstäblich nicht sichtbar war. Diese plötzliche Erleuchtung, bei der die Fragmente mit einem Male Gestalt annehmen, läßt sich etwa bei der Betrachtung von Abb. 26 beobachten. Sobald man das Bild erkannt hat, erscheinen diese Fragmente nicht mehr als zufällig auf dem Papier verteilte schwarze Flecken.

Die unvermittelt gefundene Lösung eines Problems ist also nicht so sehr eine göttliche Eingebung, sondern vielmehr ein geistiger Prozeß der Umorganisation bereits bekannter Daten. Wertheimer ging es darum, diesen Prozeß aufzuklären. Neuere Untersuchungen haben gezeigt, daß wissenschaftliches Denken nicht etwas ganz und gar Außergewöhnliches ist, sondern aus einer Vielzahl von Strategien und Phänomenen besteht, die im Gehirn in Erscheinung treten und die sich auch bei denjenigen verstärken lassen, bei denen sie noch nicht voll zum Tragen gekommen sind.

Einstein

Albert Einstein hat uns in einem Brief an den Mathematiker Jacques Hadamard, der eine Untersuchung über die Kreativität bei Mathematikern durchgeführt hat, ein detailliertes und sehr aufschlußreiches Zeugnis seiner Denkprozesse hinterlassen.

Lieber Kollege,
im folgenden will ich versuchen, kurz auf Ihre Fragen zu antworten, soweit mir dies möglich ist. Ich selbst bin mit den Antworten nicht zufrieden und würde gerne auf weitere Fragen antworten, falls Sie glauben, daß dies für die von Ihnen in Angriff genommene interessante und schwierige Arbeit von Nutzen sein kann.

(A). Es scheint nicht so zu sein, daß die Wörter oder die Sprache – und zwar die geschriebene oder die gesprochene – irgendeine Rolle bei den Denkvorgängen spielt. Die psychischen Einheiten, die als Elemente des Denkens zu dienen scheinen, sind zweifellos die mehr oder weniger klaren Zeichen und Bilder, die sich »willentlich« reproduzieren und kombinieren lassen.

Natürlich gibt es einen bestimmten Zusammenhang zwischen diesen Elementen und den entsprechenden logischen Begriffen. Es ist auch klar, daß der Wunsch, endlich zu logisch miteinander verknüpften Begriffen zu gelangen, die emotionale Grundlage für dieses recht vage Spiel mit den genannten Elementen darstellt. Aus psychologischer Sicht jedoch scheint dieses Kombinationsspiel grundlegendes

Merkmal des produktiven Denkens zu sein: zuerst gibt es irgendeine Verbindung mit der logischen Konstruktion durch Worte oder andere Arten von Zeichen, die anderen vermittelt werden können.

(B) In meinem Fall sind die obenerwähnten Elemente visueller und einige auch muskulärer Art. Die konventionellen Wörter oder sonstigen Zeichen müssen erst in einem zweiten Stadium mühsam gesucht werden, wenn das genannte Assoziationsspiel ausreichend stabilisiert ist und nach Belieben reproduzierbar wird. (...)

Also zuerst kommt eine Art visuellen Denkens und dann die Umsetzung der Erkenntnisse in Wörter oder andere konventionelle Zeichen (Formeln, Gleichungen usw.), um sie anderen Menschen mitteilen zu können. Dieser Prozeß wird in der *Autobiographie* Einsteins sehr gut geschildert. »Für mich besteht kein Zweifel daran, daß unser Denken weitestgehend ohne Rückgriff auf Zeichen (Wörter) und vielfach sogar unbewußt vor sich geht.« Erst bei der Kommunikation spielen die Zeichen dann eine Rolle: »Es ist keineswegs notwendig, daß ein Begriff mit einem reproduzierbaren Zeichen (einem Wort) verbunden und mit den Sinnen wiederzuerkennen ist; sobald dies jedoch der Fall ist, wird der Gedanke mitteilbar.«

Die Denkprozesse Einsteins sind eines der zentralen Themen, mit denen sich Wertheimer in seinem Buch befaßt, über das wir schon im Zusammenhang mit Gauß gesprochen haben. Wertheimer war ein enger Freund Einsteins. Beide hatten eine Professur in Berlin und emigrierten während der Naziherrschaft in die Vereinigten Staaten. Zur Erklärung der Denkvorgänge von Gauß oder Galilei hatte sich Wertheimer einer retrospektiven Analyse bedient. Für das Denken Einsteins konnte er sich auf das Zeugnis des »Urhebers« stützen: »Es waren wunderbare Tage nach 1916, in denen ich das Glück hatte, alleine mit Einstein Stunden und Stunden in seinem Arbeitszimmer zusammenzusitzen und von ihm die aufregende Geschichte der Entstehung seiner Gedanken zu hören, die schließlich zur Formulierung der Relativitätstheorie führten. Im Laufe dieser langen Diskussionen stellte ich Einstein detaillierte Fragen über die konkreten Vorgänge seines Denkens. Er beschrieb sie mir nicht allgemein, sondern indem er die Entstehungsgeschichte eines jeden Problems mit mir diskutierte.«

In den Gesprächen Wertheimers mit Einstein kommt erneut das zur Sprache, was Einstein bereits über die Beziehung zwischen dem Denken und dem Sprechen geäußert hatte (»Ich denke recht selten in Worten: Zuerst habe ich einen Gedanken, und erst danach kann ich versuchen, ihn in Worte zu fassen«) und über die Visualisierung von Problemen (» (...) während all dieser Jahre war da das Gefühl einer Richtung, das Gefühl, direkt auf etwas Konkretes zuzugehen. Natürlich ist es sehr schwierig, diese Gefühle in Worten auszudrücken (...) natürlich steht hinter einer derartigen Richtung stets etwas Logisches, aber bei mir ist das immer in einer Art von Überblick präsent, sozusagen visuell...«).

Wertheimers Interpretation der »Überlegungen, die zur Relativitätstheorie führten«, ist unlängst auf Kritik gestoßen. Es sei ihm dabei nicht so sehr um eine historisch fundierte Rekonstruktion gegangen, so hieß es, sondern vielmehr um eine subjektive Auslegung zur Bestätigung der von ihm entwickelten Theorie über das »produktive Denken«. Wertheimer stellte den Denkprozeß bei Einstein als eine Reihe von Umstrukturierungen von Ideen dar, bis sich schließlich eine neue »Vision« des Problems einstellte, bei der einem zuvor sekundären Element nunmehr eine vorrangige Stellung zukam (die Konstanz der Lichtgeschwindigkeit). Dieses Element spielte dann eine Schlüsselrolle und führte zu einem neuen Theoriegebäude (der Relativitätstheorie), das alle übrigen Elemente der klassischen Physik (Raum, Zeit, Bewegung usw.) in einem neuen Lichte erscheinen ließ.

Sieht man einmal von möglicherweise berechtigter Kritik an Wertheimers historisch getreuer Wiedergabe der Fakten ab, so kann man immerhin sagen, daß seine Arbeit einen der ganz seltenen Fälle darstellt, in denen ein Psychologe das schöpferische wissenschaftliche Denken in unmittelbarem Kontakt mit einem Wissenschaftler erforscht hat. Und dies, obgleich in den Vereinigten Staaten, wo jährlich tausende von Forschungsarbeiten auf dem Gebiet der Psychologie produziert werden, anstelle der üblicherweise als Probanden für Experimente herangezogenen Studenten genügend Wissenschaftler und Nobelpreisträger zur Verfügung stünden. Die Entscheidung für einen »durchschnittlichen« Studenten entspricht jedoch einer bereits mehrfach angesprochenen Tendenz, die sich auch in diesem Bereich manifestiert. Der für das Experiment Verantwortliche geht davon aus, daß eine Untersuchung wissenschaftlicher und zuverlässiger sei, wenn er danach fragt, wie »durchschnittliche« Denkprozesse ablaufen, und er infolgedessen die individuellen Unterschiede nach Möglichkeit ausschaltet bzw. versucht, sie unter Kontrolle zu bekommen. Die Fragestellung lautet also, welches *die* zur Lösung eines Problems zugrundegelegte Strategie ist, und nicht, ob es jeweils besondere Strategien gibt, die von den einzelnen Individuen eingesetzt werden. Noch kritischer wird es, wenn man bedenkt, daß es sich bei den Probanden, die zur Bestimmung dieser Strategien ausgewählt werden, im allgemeinen um Studenten handelt, genauer gesagt um Studierende an Hochschulen der Vereinigten Staaten.

Ich weiß, daß Einsteins Gehirn nach seinem Tode einiges mitgemacht hat und daß man der Meinung war, an ihm seien die Ursachen für sein Genie zu erkennen. Wie bereits erwähnt, halte ich nichts davon, zur Erklärung der Leistungen eines Wissenschaftlers (oder irgendeines anderen kreativen Menschen) davon zu sprechen, daß wir es eben mit einem »großen Kopf« zu tun haben. In Wirklichkeit geht es darum, herauszufinden, wie die funktionale Organisation des Gehirns aussieht, wie die verschiedenen Zentren im Gehirn zusammenarbeiten, von denen die geistigen Funktionen gesteuert werden.

Im Falle Einsteins lassen sich unter Berücksichtigung anderer neuropsychologischer Erkenntnisse Hypothesen über die funktionale Organisation seines Gehirns aufstellen. Die Tatsache, daß bei ihm das visuelle Denken eine zentrale Rolle spielte, kann man als funktionale Dominanz der rechten Hirnhälfte bei seinen kreativen Denkprozessen interpretieren; daß auf der anderen Seite der verbale Ausdruck nur eine untergeordnete Rolle spielte, wäre dann ein Anzeichen für die funktionale Unterordnung der linken Hirnhälfte. Für die sprachlichen Schwierigkeiten, die Einstein als Kind gehabt hat, gibt es mehrere Zeugnisse. Seine Schwester Maja schreibt in der Biographie, Albert habe erst mit drei Jahren zu sprechen angefangen und bis zum Alter von sieben Jahren mit den Lippen leise die Worte wiederholt, die er gerade gesprochen hatte. Einstein selbst hat im Jahre 1954 über seine Schwierigkeiten beim Sprechen folgendes geschrieben: »Meine Eltern machten sich Sorgen, weil ich erst relativ spät angefangen habe zu sprechen, und konsultierten deshalb den Arzt. Ich weiß nicht, wie alt ich damals war, aber sicherlich nicht unter drei. Im übrigen bin ich später nie ein ausgesprochener Redner gewesen. Allerdings verlief meine weitere Entwicklung völlig normal, von einer Eigenheit abgesehen; ich hatte die Angewohnheit, meine eigenen Worte leise zu wiederholen.« Einstein fühlte sich nicht wohl in der Schule, vor allem nicht am Gymnasium, insbesondere wenn er viel auswendig zu lernen hatte: »Als Schüler«, so erinnerte er sich, »war ich weder besonders begabt, noch besonders unbegabt. Meine größte Schwäche war mein schlechtes Gedächtnis, vor allem mein schlechtes Gedächtnis für Wörter und Texte.« Seine Abneigung gegenüber dem Auswendiglernen wurde aber bald ausgeglichen durch seine Begeisterung für die visuelle Welt der Geometrie, die sich schon sehr früh durch seine Vorliebe für die Errichtung komplizierter Kartenhäuser und Holzburgen angekündigt hatte. In diesem Zusammenhang wird in den Biographien über Einstein häufig der Abschnitt aus seiner *Autobiographie* zitiert, in dem er schildert, wie fasziniert und tief beeindruckt er als Zwölfjähriger von der Lektüre eines Buches über die Ebenengeometrie war.

Einem kreativen Menschen wie Einstein, bei dem vor allem die rechte Hemisphäre aktiv war, machte natürlich die Musik große Freude und förderte die Inspiration. Einstein, der meisterhaft Geige spielte (Abb. 27), sagte selbst: »Die Musik beeinflußt nicht die Forschung, beide beruhen jedoch auf Inspiration und ergänzen sich gegenseitig, das heißt sie wirken

Abb. 27: Einstein beim Geigenspiel (Skizze von Leonid Pasternak).

befreiend.« Die Beobachtungen Einsteins über die Musik und die ästhetischen Charakteristika der großen Musiker gründeten sich auf den Begriff der »architektonischen Struktur«, die in gleicher Weise organisiert ist wie das, was sein Freund Wertheimer als *Gestalt* bezeichnete, und zwar sowohl auf visuelle als auch auf musikalische Phänomene bezogen.

Kreativität und Kommunikation, Orient und Okzident

Seit einiger Zeit befaßt man sich besonders mit dem Vorgang der Imagination und der Rolle, die den visuellen Vorstellungen für die wissenschaftliche Kreativität zukommt. Hierzu liegen zahlreiche Aussagen von Wissenschaftlern vor. Wir haben Einstein als typisches Beispiel für das visuelle Denken angeführt, das zur Lösung jener Probleme unabdingbar ist, die sich nur schwer in Worte fassen lassen. In der Tat hat die Entwicklung der Physik in diesem Jahrhundert gezeigt, wie wichtig die »geistige Visualisierung« für den Umgang mit Phänomenen ist, die nicht sichtbar vor Augen stehen. Die Welt des Physikers ist für das Auge immer weniger sichtbar und gleichzeitig mit Worten immer schwerer beschreibbar geworden. In den ersten Jahrzehnten unseres Jahrhunderts stand die Möglichkeit, die mit Hilfe neuentwickelter Theorien der Physik beschriebenen Phänomene zu veranschaulichen, im Mittelpunkt einer theoretischen Auseinandersetzung der Wissenschaftler. Sich vorzustellen, daß die Erde um die Sonne kreist und nicht umgekehrt oder daß Körper sich anziehen, ist natürlich etwas ganz anderes, als sich vorzustellen, was es mit der Quantenenergie, den Elektronen, den Photonen, den Kreisbahnen auf sich hat. Hat man erst einmal eine neue visuelle Vorstellung entwickelt, erhebt sich allerdings die Frage, wie sich diese in Worten mitteilen läßt: »Die hierbei auftretenden sprachlichen Schwierigkeiten«, schrieb der Physiker Heisenberg, »sind in der Tat sehr groß. Wir möchten irgendwie über die Struktur der Atome und nicht nur über die ›Tatsachen‹ sprechen: letztere können zum Beispiel aus schwarzen Punkten auf einer Photoplatte oder aus Wassertröpfchen in einer Nebelkammer bestehen. Aber wir können nicht von dem Atom im normalen Sprachgebrauch sprechen.«

Watson hat in seinem Bericht über die Entdeckung der Molekularstruktur des genetischen Codes (DNA), an der er mit Crick zusammengearbeitet hatte, nicht nur den Vorgang der »Visualisierung« beschrieben (»über zwei Stunden lag ich schlaflos, aber glücklich da und sah Paare von Adenin-Resten vor meinen geschlossenen Augen herumwirbeln«), sondern auch die plötzliche Erleuchtung (»plötzlich merkte ich, daß ein durch zwei Wasserstoffbindungen zusammengehaltenes Adenin-Thymin-Paar dieselbe Gestalt hatte wie ein Guanin-Cytosin-Paar, das durch mindestens zwei Wasserstoffbindungen zusammengehalten wurde«) (Abb. 28). Zur Veranschaulichung der DNA-Struktur ist in der Abbildung eine um die eigene Mittelachse gedrehte Treppe dargestellt. Jede Stufe entspricht einem Makromolekül. Diese Struktur ist vielfach als »Doppelhelix« bezeichnet worden. Es erübrigt sich fast, darauf hinzuweisen, daß eine bildliche Darstellung dieser Struktur etwas völlig anderes ist als deren verbale Beschreibung. Derartige visuelle Vorstellungen sind einfach und symmetrisch (ebenso wie auch die dem künstlerischen Schaffen zugrundeliegenden Vorstellungen, die sich ebenfalls in einem mehrdimensionalen Raum drehen lassen).

Die Dissoziation zwischen dem visuellen Denken und dem verbalen Denken, zwischen der (künstlerischen wie wissenschaftlichen) Kreativität und der verbalen Reproduktion sind wiederum ein Hinweis auf die Spezialisierungen der beiden Hirnhälften.

Wie wir jedoch bereits bei den Musikern gesehen haben, ist auch bei den Wissenschaftlern nicht zu erwarten, daß nur ihre rechte Hemisphäre in Aktion treten würde. Vermutlich dominiert diese Hemisphäre in der kreativen Phase, während die analytische Artikulation der neuen Erkenntnisse des Denkens Aufgabe der linken Hemisphäre ist. Dem kreativen, visuellen Moment folgt zwangsläufig die Sprache. Wygotski schrieb hierzu:

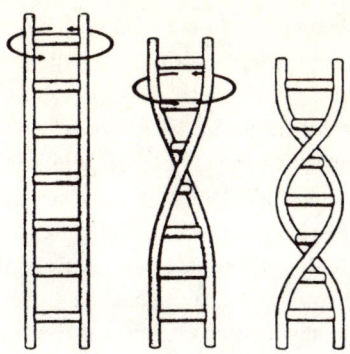

Abb. 28: Das DNA-Molekül läßt sich als Doppelhelix darstellen, die einer Wendeltreppe gleicht, deren Stufen durch die Basenpaare gebildet werden.

Häufig braucht ein Redner mehrere Minuten, um einen einzigen Gedanken zu entwickeln, eben weil dieser in seinem Geiste als umfassendes, einheitliches Ganzes enthalten ist und sich nicht nach und nach aus einzelnen Einheiten konstituiert, wie dies bei der Sprache der Fall ist. *Was beim Denken simultan gegeben ist, kommt auf der sprachlichen Ebene sukzessive zum Ausdruck.* Das Denken läßt sich mit einer Wolke vergleichen, aus der die Wörter niederregnen. Der Übergang vom Denken zum Sprechen ist ein sehr komplexer Vorgang, der eine Segmentierung des Denkens und dessen Umstrukturierung und Wiedergabe in einer Reihe von Wörtern erforderlich macht. (Hervorhebung, L.M.)

Die zwischen dem westlichen und dem östlichen Kulturkreis bestehenden Gegensätze, sie sich auf dem Gebiet der Kunst, der Literatur, der Philosophie und der Religion manifestieren, wurden von verschiedenen Wissenschaftlern auf die Dominanz einer der beiden Hirnhälften bei geistigen Aktivitäten zurückgeführt. Die synthetische und intuitive östliche Kultur basiert ihrer Meinung nach auf den Funktionen der rechten Hirnhälfte und die analytische und rationale westliche Kultur auf denen der linken Hirnhälfte. Anhaltspunkte hierfür ergaben sich bereits aus den Ausführungen über das Gehirn der Japaner und die kognitiven Fähigkeiten der Seefahrer Ozeaniens. Bei diesen Völkern spiele, so heißt es, bei vielen geistigen Prozessen die rechte Hirnhälfte eine zentrale Rolle. Es ist freilich zu bedenken, daß die Beweisführung für diese Dichotomie, die hinsichtlich der beiden Gehirne zwischen den Menschen des westlichen und denen des östlichen Kulturkreises besteht, weitgehend indirekt erfolgt ist; anders gesagt: sie gründet sich auf Schlußfolgerungen oder sogar nur auf Vermutungen, ohne daß sie anhand systematisch durchgeführter Experimente verifiziert worden wäre.

Es ist natürlich leicht, eine Liste von Adjektiven zusammenzustellen, von denen jeweils zwei ein Gegensatzpaar bilden, wobei mit jedem Adjektiv jeweils eine der beiden Hirnhälften gekennzeichnet wird; dies gilt beispielsweise für die bekannte Liste von Baken, bei welcher der linken Hemisphäre eine Reihe von Attributen zugeordnet werden (verbal, analythisch, abstrakt, rational, temporal, digital, aktiv, gespannt, euphorisch usw.), die im Gegensatz zu den der rechten Hemisphäre zugeschriebenen Attributen stehen (präverbal, synthetisch, konkret, emotional, räumlich, analog, passiv, entspannt, depressiv usw.). Etwas ganz anderes ist es natürlich, den Nachweis zu führen, daß ein Attribut, das einem bestimmten (z.B. euphorischen) Individuum oder einer bestimmten geistigen Aktivität (z.B. dem analogen Denken) zugeschrieben wird, tatsächlich auf die Dominanz einer der beiden Hemisphären zurückzuführen ist. Noch kritischer wird eine Verallgemeinerung, wenn sie nicht nur der Gegenüberstellung zweier Individuen, sondern ganzer Kulturen dient. Die zur Bestimmung der Unterschiede zwischen der östlichen und der westlichen Welt maßgeblichen Faktoren sind sehr zahlreich und eng miteinander verzahnt. Es ist ein ausgesprochen schwieriges Unterfangen, feststellen zu wollen, inwieweit die Interaktion der verschiedenen Faktoren durch eine spezielle Gehirnorganisation bedingt ist; die Erkenntnisse der Hirnforschung reichen jedenfalls hierfür noch nicht aus. Natürlich liegt die Versuchung nahe, den Nachweis zu führen, daß im Gehirn eines Orientalen eine Schwerpunktverlagerung hin zur rechten Hirnhälfte vorliegt, wie dies Ornstein in seinem Buch *Die Psychologie des Bewußtseins* (1974) unter Berufung auf philosophisch-religiöse Theorien und auf Meditationsverfahren (z.B. Zen oder Sufismus) getan hat. Um das rationale Denken auszuschalten und sich von den Wörtern freizumachen, damit man zur reinen Intuition gelangt, wird anempfohlen, regelmäßige geometrische Figuren und räumliche Gebilde zu betrachten, die ja eine Domäne der rechten Hemisphäre darstellen. Das gleiche gilt, wenn der mexikanische Magier Don Juan bei seiner Unterweisung des amerikanischen Schriftstellers und Anthropologen Carlos Castaneda diesem als Technik zur Erlangung eines neuen Selbstbewußtseins das »Sehen« empfiehlt und nicht das »Sprechen«.

Das Gehirn eines blinden und taubstummen Menschen

Lernen durch Tasten

Vor einem großen Auditorium von Studenten und Psychologie-
professoren der Universität Moskau hielten im Februar 1975 Ser-
gej Sirotkin, Jura Lerner, Sascha Suworow und Natascha Kor-
neewa, die alle vier blind und taubstumm zur Welt gekommen
waren, einen Vortrag anläßlich ihrer Erlangung des Diploms in
Psychologie. Sie hatten zwar gewisse Schwierigkeiten mit der Artikulation, aber dennoch konnten sie sich bestens verständlich
machen. Nicht nur die Tatsache, daß sie überhaupt Sprechen gelernt hatten, versetzte das Publikum in großes Staunen, sondern
vor allem ihre profunden Kenntnisse und ihre wohlfundierte Ar-
gumentation. Die berühmtesten sowjetischen Psychologen unseres Jahrhunderts, wie Alexej N. Leontjew und Alexander R. Luria, Philosophen und Naturwissenschaftler beteiligten sich an der
Diskussion und wiesen auf den hohen wissenschaftlichen Stellen-
wert dieses von den vier Studenten erzielten Erfolges hin. Vor allem für die Psychologie ergaben sich außerordentlich interessante Erkenntnisse über die geistige Entwicklung von Menschen, denen visuelle oder auditive Informationen nicht zugänglich sind,
und außerdem war dies ein Beweis dafür, daß sich das für diese
Menschen entwickelte Ausbildungsprogramm bewährt hatte
und sich auch auf andere Gruppen übertragen ließ.

Zu meiner großen Freude ist es mir vergönnt gewesen, einen
der bedeutendsten zeitgenössischen sowjetischen Philosophen,

Ewald V. Il'enkow, kennenzulernen und mit ihm freundschaft-
lichen Kontakt zu pflegen. Ewald Il'enkow, Autor grundlegen-
der Werke über Marx, war ein typischer russischer Intellektuel-
ler, der sich gerne die Nacht mit langen philosophischen Aus-
einandersetzungen (und diversen Gläschen Wodka) um die Ohren schlug. In den letzten Jahren seines Lebens befaßte er sich
vor allem mit dem Denken der vier blinden und taubstummen
Studenten, denen er sich freundschaftlich verbunden fühlte.
Die Kommunikation mit ihnen erfolgte mit Hilfe des Fingeral-
phabets (dabei werden der linken Hand des blinden Taubstummen vom Gesprächspartner mit der rechten Hand Zeichen vermittelt: berührt dieser beispielsweise mit seinem Zeigefinger
den Daumen, so bedeutet dies A; eine Berührung des Mittelfin-
gers bedeutet I, das Einhaken des kleinen Fingers bedeutet S
usw.).

Il'enkow sprach eine Reihe philosophischer Probleme an.
So fragte er die vier Psychologiestudenten, wie sie einen Begriff
des Schönen und Gerechten entwickelt hätten, wie sie sich Gegenstände oder Farben vorstellten, was sie in ihrem Geiste »sahen«, wenn sie mit anderen Menschen kommunizierten. Ewald
war voller Enthusiasmus angesichts der Möglichkeit, jene Probleme zu lösen oder zumindest adäquater anzugehen, die seit
Jahrhunderten die Philosophen beschäftigt hatten. Leider hat
ihn der Tod daran gehindert, seine Überlegungen hierzu zu ver-
öffentlichen. Ich entsinne mich eines für mich sehr beein-
druckenden Vergleiches, den er in einer schlaflosen Nacht an-
stellte. Er war zwar jenen Theorien abhold, die in dem menschlichen Gehirn nur eine Maschine, einen Computer sehen. Als
Freund Leontjews und Lurias vertrat er nämlich ebenfalls die
Auffassung, daß das Gehirn als das Organ eines konkreten, in
einem ganz bestimmten sozialen Umfeld lebenden Menschen
und nicht als präfabrizierte Maschine ohne Individualität zu
betrachten sei. Dennoch verglich er zur Verdeutlichung seiner
Überlegungen das Gehirn eines blinden Taubstummen mit einem Computer, der Informationen nur auf der Grundlage der
ihm von einem anderen Menschen vermittelten Informationen zu

verarbeiten bzw. zu produzieren vermag. Auch ein blindes und taubstummes Kind erhält nur Informationen, wenn irgendein anderer Mensch ihm diese durch seine intakten Sinnesorgane, den Tastsinn und den Geruch, vermittelt. Andernfalls bleibt es in einer für uns unfaßlichen Welt gefangen. Das bekannteste Beispiel für einen Menschen ohne Augenlicht, ohne Gehör und ohne Sprache stellt Helen Keller dar, die diesen Zustand folgendermaßen geschildert hat:

»Bevor meine Lehrerin zu mir kam, wußte ich nicht, daß es mich gab. Ich lebte in einer Welt, die für mich keine war. Ich vermag wohl kaum angemessen jenen unbewußten und zugleich bewußten Zustand des *Nichts* zu beschreiben. Ich wußte nicht, daß ich irgendetwas wußte, daß ich lebte, handelte, wünschte; ich besaß weder Willen noch Geist, ich wurde durch einen bestimmten blinden, natürlichen, instinktiven Impuls zu den Dingen hingezogen und zum Handeln veranlaßt: ich besaß nur einen Hang zum Zorn, zur Freude, zum Begehren … Es war weder Nacht noch Tag, sondern eine den Raum umgreifende Leere, eine grundlose Festigkeit: es gab keine Sterne – keine Erde – keine Zeit – keine Zügel – keine Veränderung – weder Gut noch Böse.«

Ebenso wie ein Computer muß auch das Gehirn eines blinden Taubstummen mit Informationen »gefüttert« werden, da diese nicht mit Hilfe seiner Sinnesorgane aufgenommen werden können. Anders als beim Computer haben wir es hier aber nach wie vor mit dem Gehirn eines Menschen zu tun, das genetisch bedingt die Fähigkeit zur Entwicklung eines komplexen Denkvermögens besitzt. Dies war das Paradoxon, das den Philosophen Il'enkow faszinierte. Die vier Psychologiestudenten hatten ebenso wie andere Menschen eine höhere Form des Denkens entwickelt, allerdings ohne die Vermittlung der Sinnesorgane. Die praktisch einzige Vermittlung besteht in der Kommunikation mit einem anderen Menschen, durch welche der blinde Taubstumme sich Informationen über die Außenwelt verschafft. Dies ist der zentrale Aspekt der sowjetischen Forschungsarbeiten über jene Kinder, denen sensorische Funktionen fehlen. Die geistige Entwicklung vollzieht sich bei diesen wie bei normalen Kindern durch die *Interaktion* mit einem anderen Menschen, sei dies nun ein Angehöriger, ein Lehrer oder ein Gleichaltriger, also durch soziale Kontakte.

Die sowjetischen Psychologen haben sich vehement gegen einige der im Westen vertretenen Positionen gewandt, bei denen nicht in ausreichendem Maße berücksichtigt wird, welche wichtige Rolle den sozialen Beziehungen für die geistige Entwicklung behinderter Kinder zukommt. Einen typischen Fall stellt die bereits erwähnte Helen Keller dar, die 1880 in Alabama geboren wurde und 1968 starb. Dank ihrer Erziehung und des ständigen Kontaktes mit ihrer Lehrerin Anna Sullivan hat sie ein bemerkenswertes Bildungsniveau erreicht, war mit großen Schriftstellern befreundet und hat selbst mehrere Werke verfaßt. Ihre Geschichte galt als ein »Wunder«, als Zeichen göttlicher Vorsehung. Helen Keller sprach von einem »Erwachen ihrer Seele« durch eine Art von Erleuchtung. Der Psychologe und Pädagoge Alexander I. Meschtscherjakow, Leiter der Schule von Zagorski, dem berühmten, rund siebzig Kilometer von Moskau entfernten Kloster, in dem ein spezielles Programm zur Erziehung blinder und taubstummer Kinder entwickelt wurde, hat mit Nachdruck auf die autobiographischen Aufzeichnungen Helen Kellers hingewiesen. Sie bestätigen nämlich eindeutig, daß Helen erst durch ihre Beziehungen zu dem farbigen Mädchen Martha Washington aus dem »Nichts« hervorgetreten ist. Sie war damals etwa zwei bis drei Jahre alt und Martha sechs.

»Ich entsinne mich nicht genau, wann ich zuerst erkannte, daß ich mich von den anderen unterschied; ich weiß jedoch, daß es vor der Ankunft meiner Lehrerin geschah. Ich hatte bemerkt, daß meine Mutter und meine Bekannten keine Zeichen machten, wie ich es tat, wenn sie etwas getan haben wollten, sondern mittels ihre Mundes sprachen. Bisweilen stand ich zwischen zwei Personen, die sich miteinander unterhielten, und berührte ihre Lippen. Ich konnte das nicht begreifen und war ganz verwirrt. Ich bewegte meine Lippen und gestikulierte heftig – natürlich ohne Erfolg. (...) (Aber) Martha verstand alle meine Zeichen und ich hatte selten Schwierigkeiten, ihr begreiflich zu machen, was ich wünschte. (...) Ich konnte es Martha nicht sagen, wenn ich auf die Eierjagd gehen wollte, aber ich legte meine Hände zusammen und drückte sie auf die Erde; das sollte etwas Rundes im Gras bedeuten, und sie verstand mich stets.« (Keller 1955, S. 22 f.)

Wie wichtig die sozialen Beziehungen zu anderen Kindern sind, kommt in den Schriften Helen Kellers immer wieder zum Ausdruck. Als sie in dem berühmten Perkinsschen Blindeninstitut in Boston ankam, machte die kleine Helen eine prägende Erfahrung:

»Kaum waren wir im Perkinsschen Blindeninstitut angelangt, als ich auch schon mit den blinden Kindern Freundschaft zu schließen begann. Es freute mich unaussprechlich, zu finden, daß sie das Fingeralphabet verstanden. Wie froh war ich, mich mit anderen Kindern in meiner Sprache unterhalten zu können! Bis dahin war ich wie eine Ausländerin gewesen, die durch Vermittlung eines Dolmetschers spricht. Es kostete mich einige Zeit, ehe ich mir die Tatsache, daß meine neuen Freunde blind waren, in ihrer Tragweite klarmachte. Ich wußte, ich konnte nicht sehen; aber es erschien mir unmöglich, daß all die munteren, liebenswürdigen Kinder, die um mich herumstanden und in meine Fröhlichkeit von Herzen einstimmten, gleichfalls blind sein sollten. Ich entsinne mich der schmerzlichen Überraschung, die ich empfand, als ich bemerkte, daß sie ihre Finger über die meinen legten, wenn ich mit ihnen sprach, und daß sie in ihren Büchern mit Hilfe der Finger lasen. (...) Aber sie waren so glücklich und zufrieden, daß ich alle Schmerzempfindungen über der Freude vergaß, die mir das Zusammentreffen mit ihnen gewährte.« (Ebd., S. 50 f.)

Abgesehen von den sozialen Beziehungen haben die sowjetischen Autoren noch einen weiteren Aspekt besonders hervorgehoben, nämlich wie wichtig es ist, die Gestik sinnvoll zu nutzen. Wie wir soeben gesehen haben, setzte Helen Gesten ein, die nur für Martha verständlich waren. Einige Pädagogen haben in der Vergangenheit die Auffassung vertreten, man müsse den Kindern gleich eine differenzierte Fingersprache beibringen, ohne erst auf Gesten zurückzugreifen. Die sowjetischen Psychologen dagegen haben zuerst Gesten eingesetzt, zunächst als unmittelbare Imitation einer Handlung (wie dies auch Helen tat, wenn sie die Eier im Gras suchte) und dann als immer stärker reduziertes, symbolisches Zeichen für eine Handlung, bis schließlich eine kleine Fingerbewegung zur Bezeichnung eines Buchstaben oder eines Wortes genügte. Die ersten Gesten werden hervorgebracht, um ein primäres Bedürfnis zum Ausdruck zu bringen (z.B. Hunger: das Kind macht eine Geste, als ob es einen Löffel zum Munde führen würde). Die Befriedigung dieses primären Bedürfnisses erfolgt durch eine Beziehung zu anderen Menschen (in dem genannten Beispiel gibt jemand dem Kind zu essen). Das Mitteilen sozialer Bedürfnisse im Rahmen sozialer Beziehungen bildet nach Auffassung der sowjetischen Psychologen den Ausgangspunkt für die Erziehung behinderter Kinder.

Der Übergang von der Geste zum Wort und dann zum Begriff läßt sich ebenfalls anhand einer aufschlußreichen Passage aus Helen Kellers Autobiographie aufzeigen, die hier ungekürzt wiedergegeben werden soll. Es geht dabei um die erste Begegnung Helens mit ihrer Lehrerin Anna Sullivan.

»Ich fühlte sich nähernde Schritte. Ich streckte meine Hand aus, wie ich glaubte, meiner Mutter entgegen. Irgend jemand ergriff sie, ich wurde emporgehoben und fest in die Arme geschlossen, die Arme der Frau, die gekommen war, den Schleier, der mir die Welt verbarg, zu lüften und, was noch viel mehr bedeutete, mich zu lieben.

Am morgen nach ihrer Ankunft führte mich meine Lehrerin in ihr Zimmer und gab mir eine Puppe. Die kleinen, blinden Mädchen aus dem Perkinsschen Institut hatten sie mir geschickt, und Laura Bridgman hatte sie angezogen; dies erfuhr ich jedoch erst später. Als ich ein Weilchen mit ihr gespielt hatte, buchstabierte Fräulein Sullivan langsam das Wort »d-o-l-l« (= Puppe) in meine Hand. Dieses Fingerspiel interessierte mich sofort, und ich begann, es nachzumachen. Als es mir endlich gelungen war, die Buchstaben genau nachzuahmen, errötete ich vor kindlicher Freude und Stolz. Ich lief die Treppen hinunter zu meiner Mutter, streckte meine Hand aus und machte ihr die eben erlernten Buchstaben vor. Ich wußte damals noch nicht, daß ich ein Wort buchstabierte, ja nicht einmal, daß es Wörter gab; ich bewegte einfach meine Finger in affenartiger Nachahmung. Während der folgenden Tage lernte ich auf diese verständnislose Art eine große Menge Wörter buchstabieren, unter ihnen pin (Nadel), hat (Hut), cup (Tasse) und ein paar Verben wie sit (sitzen), stand (stehen) und walk (gehen). Aber meine Lehrerin war schon mehrere Wochen bei mir, als ich schließlich begriff, daß jedes Ding seine Bezeichnung hat. Als ich eines Tages mit meiner Puppe spielte, legte mir Fräulin Sullivan auch meine große, zerlumpte Puppe in den Schoß, buchstabierte d-o-l-l und suchte mir verständlich zu machen, daß sich d-o-l-l auf beide Puppen beziehe. Vorher waren wir schon über die Wörter m-u-g (Becher) und w-a-t-e-r (Wasser) aneinander geraten. Fräulein Sullivan hatte mir einzuprägen versucht, daß m-u-g mug und w-a-t-e-r water sei, aber ich blieb beharrlich dabei, beide zu verwechseln. Verzweifelt hatte sie das Thema einstweilen fallen lassen, aber nur, um es bei der nächsten Gelegenheit wieder aufzunehmen. Bei ihren wiederholten Versuchen wurde ich ungeduldig, ergriff die neue Puppe und schleuderte sie zu Boden. Ich empfand eine lebhafte Schadenfreude, als ich die Bruchstücke der zertrümmerten Puppe zu meinen Füßen liegen fühlte. Weder Schmerz noch Reue folgten diesem Ausbruch von Leidenschaft. Ich hatte die Puppe nicht geliebt. In der stillen, dunklen Welt, in der ich lebte, war für starke Zuneigung oder Zärtlichkeit kein Raum. Ich fühlte, wie meine Lehrerin die Bruchstücke auf die Seite des Kamins legte, und empfand eine Art von Genugtuung darüber, daß die Ursache meines Unbehagens beseitigt war. Fräulein Sullivan brachte mir meinen Hut, und ich wußte, daß es jetzt in den warmen Sonnenschein hinausging. Dieser Gedanke, wenn eine nicht in Worte gefaßte Empfindung ein Gedanke genannt werden kann, ließ mich vor Freude springen und hüpfen.

Wir schlugen den Weg zum Brunnen ein, geleitet durch den Duft des ihn umrankenden Geißblattstrauches. Es pumpte jemand Wasser und meine Lehrerin hielt mir die Hand unter das Rohr. Ich stand still, mit gespannter Aufmerksamkeit die Bewegung ihrer Finger verfolgend. Mit einem Male durchzuckte mich eine nebelhafte, verschwommene Erinnerung, ein Blitz des zurückkehrenden Denkens und das Geheimnis der Sprache lag plötzlich offen vor mir. Ich wußte jetzt, daß water jenes wundervolle, kühle Etwas bedeutete, das über meine Hand strömte. Dieses lebendige Wort erweckte meine Seele zum Leben, spendete ihr Licht, Hoffnung, Freude, befreite sie von ihren Fesseln! Zwar waren ihr immer noch Schranken gesetzt, aber Schranken, die mit der Zeit weggeräumt werden konnten.

Ich verließ den Brunnen voller Lernbegier. Jedes Ding hatte eine Bezeichnung, und jede Bezeichnung erregte einen neuen Gedanken. Als wir ins Haus zurückkehrten, schien mir jeder Gegenstand von verhaltenem Leben zu zittern. Das kam daher, daß ich alles mit den seltsamen, neuen Augen, die ich erhalten hatte, betrachtete. Beim Betreten des Zimmers erinnerte ich mich der Puppe, die ich zerschlagen hatte. Ich tastete mich zum Kamin, hob die Stücke auf und suchte vergeblich, sie wieder zusammenzufügen. Dann füllten sich meine Augen mit Tränen; ich verstand, was ich getan hatte, und zum erstenmal in meinem Leben empfand ich Reue und Schmerz.

Ich lernte an diesem Tag eine große Menge Wörter. Ich erinnere mich nicht mehr an alle, aber ich weiß, daß mother (Mutter), father (Vater), sister (Schwester), teacher (Lehrer) unter ihnen waren – Wörter, die die Welt für mich erblühen machten, ›wie Aarons Stab, mit Blumen‹.« (Keller 1955, S. 32 ff.)

Hände und Gehirn

Die von Helen Keller erwähnte Laura Bridgman hatte im Alter von zwei Jahren nach einem sehr hohen Fieber Augenlicht, Gehör und Sprachfähigkeit verloren. Sie erlernte das Fingeralphabet im Perkinsschen Institut in Boston, wo auch Anna Sullivan, Helen Kellers Lehrerin, ihre Ausbildung erhalten hatte. Gründer des Instituts und Lehrer Laura Bridgmans war Samuel G. Howe, ein heute unbekannter Mann, der jedoch im letzten Jahrhundert in fortschrittlichen Kreisen der Vereinigten Staaten als herausragende Persönlichkeit galt. Auch Howe hat mit Nachdruck darauf hingewiesen, welche wichtige Rolle bei Blinden der Tastsinn und die Gestik für ihre geistige Entwicklung spielen. Als Laura Bridgman starb, unterzog der amerikanische Neurologe Donaldson ihr Gehirn einer eingehenden Untersuchung, um so herauszufinden, ob das ständige Fehlen auditiver und visueller Reize anatomische Veränderungen an der Hirnrinde hervorgerufen hatte. Nach Angaben Donaldsons wies das Gehirn Laura Bridgmans tatsächlich abnormale strukturelle Veränderungen auf. Anhand einer posthumen anatomischen Beschreibung läßt sich jedoch nicht feststellen, wie das Gehirn eines Menschen funktioniert, dem sensorische Funktionen fehlen. Es ist zu erwarten, daß bei einem Menschen, der weder sehen noch hören kann, das Seh- und das Hörzentrum eine ungewöhnliche anatomische Struktur aufweisen. Wir haben es hier sozusagen mit einem negativen Ansatz zu tun, der von Seiten sowjetischer Psychologen heftig kritisiert wurde, da nämlich nur beschrieben wird, was bei einem behinderten Menschen *nicht* gegeben ist (er kann nicht sprechen, nicht sehen usw.). In anatomischer Hinsicht wird man sagen, daß dieser oder jener Teil des Gehirns eine Schädigung aufweist, nicht gesagt wird hingegen, wie die intakten Teile funktionieren, und es wird auch nichts darüber ausgesagt, wie *dieses bestimmte Gehirn* tatsächlich funktioniert. Helen Keller hat dies ganz klar zum Ausdruck gebracht: »Die Kritiker wiederholen mit Vorliebe immer wieder, was wir nicht tun können (...). Sie leugnen von vornherein das, was sie nicht gesehen haben, was ich aber gespürt habe.«

Sinnvoller ist der Ansatz des russischen Physiologen Kogan, der bei einem taubstummen Blinden die elektrische Hirnaktivität untersucht hat, und zwar nicht so sehr um nachzuweisen, daß in ihrem Gehirn bestimmte Kurvenverläufe fehlen, sondern vielmehr um festzustellen, ob es bestimmte Formen von Hirnaktivitäten gibt, die bei einer Kontrollgruppe nicht zu verzeichnen sind. Diese Kontrollgruppe bildete also den Negativfall; sie stellte nicht mehr den Normalfall dar, mit dem der Sonderfall verglichen wird. Der behinderte Mensch wird auf seine spezifischen sensorischen und motorischen Funktionen hin untersucht, auf seine jeweilige Hirnorganisation, auf die Denkstrategien, die er zum Ausgleich seiner Defizite entwickelt hat. Interessant sind in diesem Zusammenhang die Ergebnisse der Untersuchungen über die Dominanz einer der beiden Hände, wenn Blinde die Braille-Schrift lesen. Das Braille-Alphabet besteht aus Kombinationen von maximal sechs Punkten, die jeweils für einen Buchstaben stehen (Abb. 29 A). Ein Vergleich

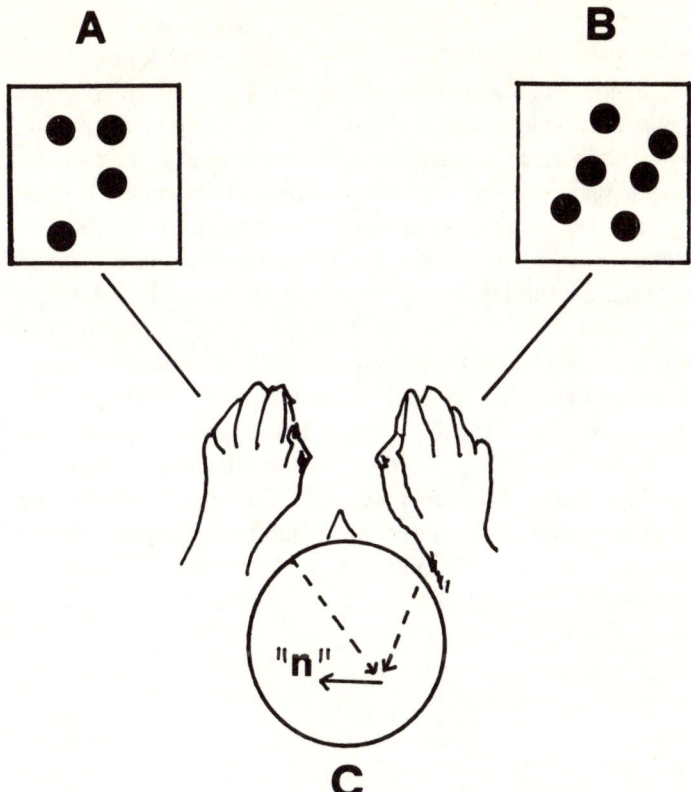

Abb. 29: Die Punkte links (die mit der linken Hand berührt werden, A) und die Punkte rechts (die mit dem Auge gesehen werden, B) werden in ihrer räumlichen Gestalt von der rechten Hirnhälfte erfaßt (C). Die linke Hirnhälfte erkennt in der Figur A den Buchstaben »N« (nach dem Braille-Alphabet).

der Geschwindigkeit beider Hände beim Lesen der Braille-Schrift ergab, daß die linke Hand schneller ist als die rechte. Da die linke Hand von der rechten Hirnhälfte gesteuert wird, hat man deren besseres Abschneiden damit erklärt, daß diese Hirnhälfte auf das Erkennen räumlicher Formen spezialisiert ist (um die es sich ja bei den Braille-Zeichen handelt).

Ähnlich wie die Punkte der Braille-Schrift sehen auch die von der kanadischen Psychologin Doreen Kimura zufällig angeordneten Punkte aus (Abb. 29 B). Die Fähigkeit zur visuellen Unterscheidung dieser Anordnung von Punkten ist größer, wenn sie in jenen Bereich der Netzhaut projiziert werden, der mit der rechten (und nicht mit der linken) Hemisphäre verbunden ist. Die zufällig angeordneten »visuell« zu erfassenden Punkte werden direkt von der rechten Hemisphäre erkannt, während die Punkte der »taktil« zu erfassenden Buchstaben in ihrer räumlichen Anordnung von der rechten Hemisphäre und in ihrer sprachlichen Bedeutung von der linken Hemisphäre erkannt werden (Abb. 29 C). Es ist jedoch ausdrücklich zu betonen, daß ein und derselbe Vorgang (das Erkennen von Formen im Raum) ebenfalls durch die rechte Hemisphäre erfolgt, obgleich die Information rein visueller oder rein taktiler Art sein kann und unter Umständen nacheinander verarbeitet werden muß (wie im Falle der Braille-Schrift, für die beide Hirnhälften aktiviert werden müssen).

Hat sich das Gehirn im Laufe der Geschichte geändert?

Die Kenntnisse über das Gehirn des Menschen haben in den vergangenen eineinhalb Jahrhunderten rapide zugenommen. Die ersten experimentellen Untersuchungen wurden in den ersten Jahrzehnten des 19. Jahrhunderts durchgeführt, also erst vor relativ kurzer Zeit im Vergleich zur gesamten Menschheitsgeschichte. Die bedeutendsten Erkenntnisse stammen im übrigen aus den letzten zwanzig bis dreißig Jahren. Insgesamt gesehen kann man jedoch sagen, daß sich die Vorstellungen über die funktionale Organisation des Gehirns in den letzten zwei Jahrhunderten nicht wesentlich verändert haben. Nach wie vor gilt das Gehirn als ein Organ, das aus vielen »Unterorganen« besteht, von denen jedes eine bestimmte Funktion erfüllt.

Sie sind zur Steuerung der Aktivitäten des ganzen Körpers und der Verhaltensmuster, auf denen die Interaktion zwischen dem Menschen und seiner Umwelt beruht, untereinander verschaltet. Es gibt sensorische Areale, mit deren Hilfe die Informationen der Außenwelt aufgenommen werden (visuelle, auditive, taktile und verbale Reize), für die Weiterverarbeitung von Informationen zuständige Zentren, in denen diese anhand früherer Erfahrungen (mit Hilfe des Gedächtnisses) analysiert werden, sowie motorische Areale, von denen die an die Außenwelt gehenden Reaktionen programmiert und ausgeführt werden (Abb. 7). Während es in der Vergangenheit nur eine summarische und oberflächliche Beschreibung der Areale der Hirnrinde gab, die an der Rezeption und Verarbeitung von Informationen und an der Ausführung der Reaktionen sowie an der Verhaltenssteuerung beteiligt sind, ist heutzutage die Organisation dieser kortikalen Funktionen in allen Details bis hin zu den einzelnen Zellen bekannt. Die bedeutendsten Erkenntnisse der letzten Jahre verdanken wir in der Tat Forschungsarbeiten über die Funktionen der einzelnen Neuronen. Ausgehend von der Erforschung der kortikalen Funktionen anhand des äußeren Erscheinungsbildes (man denke an das Vorgehen der Phrenologie, die sich auf eine Untersuchung der Schädelform und der Schädelausbuchtungen stützte) ist man inzwischen zu einer Erforschung der Funktionen »im Innern des Gehirns« gelangt.

Da also erst seit kurzer Zeit experimentelle Hirnforschung betrieben wird, liegt es auf der Hand, daß noch nicht genügend Daten vorliegen, um die Frage beantworten zu können, ob die Menschen früherer Zeiten das gleiche Gehirn hatten wie die Menschen unserer Tage. Das Gehirn wurde nur sehr approximativ erforscht, und nicht immer stand dabei die Klärung der Beziehungen zwischen seinen Funktionen und den psychischen Prozessen im Vordergrund. Diejenigen Autoren, die sich für diese Fragen interessierten, lokalisierten die verschiedenen geistigen Fähigkeiten (die Vorstellung, das Gedächtnis, die Vernunft usw.) in verschiedenen Bereichen des Gehirns, ohne sich allerdings auf klinische oder experimentelle Erhebungen zu stützen. Die durch spezifische Verletzungen eines bestimmten Gehirnareals oder einer Hirnhälfte hervorgerufenen psychischen bzw. Verhaltensstörungen wurden keiner systematischen Beobachtung unterzogen. Es ist jedoch zu vermuten, daß man selbst dann, wenn derartige Beobachtungen angestellt worden wären, wohl zu den gleichen Resultaten gelangt wäre, wie sie heute vorliegen: ein rechtshändiger Soldat, dessen linke Hirnhälfte im Ersten Punischen Krieg, im Hundertjährigen Krieg bzw. im Ersten Weltkrieg in bestimmter Weise verletzt worden wäre, hätte mit großer Wahrscheinlichkeit seine Sprachfähigkeit eingebüßt. Insofern kann man also sagen, daß die grundlegenden Hirnfunktionen im Laufe der Jahrhunderte die gleichen geblieben sind. Was sich jedoch möglicherweise verändert hat, ist dagegen die Interaktion dieser Funktionen untereinander, die Rolle, die bestimmte Funktionen in verschiedenen Epochen und Kulturen und bei verschiedenen Menschen spielten, sowie die Bedeutung, die ihnen verglichen mit anderen Funktionen zukam (beispielsweise dem Sehvermögen im Vergleich zur Sprachfähigkeit).

Es gibt einige Fälle, bei denen sich die heutigen Vorstellungen über die Gehirnorganisation heranziehen lassen, um die geistigen Prozesse von Menschen früherer Zeiten zu rekonstruieren. Es handelt sich dabei fast ausnahmslos um bedeutende historische Persönlichkeiten, deren Leben gut dokumentiert ist. Ein Beispiel hierfür ist Leonardo da Vinci.

Eine andere Forschungsrichtung geht von der Annahme aus, die geistigen Prozesse hätten sich im Laufe der Menschheitsgeschichte verändert, und infolgedessen unterscheide sich der Geist eines Menschen des Mittelalters von demjenigen eines Menschen unserer Tage. Diese Hypothese von der historischen Dimension des Geistes spielt in Frankreich in der »neuen Geschichte« eine zentrale Rolle, ist jedoch von der sowjetischen psychologischen Schule, die als »kulturhistorische Schule« bezeichnet wird, systematisch ausgebaut worden.

Leonardo da Vinci

Für Psychologen ist Leonardo da Vinci von großem Interesse, und zwar nicht nur wegen seiner Genialität und seiner faszinierenden Persönlichkeit, sondern vor allem wegen seiner außergewöhnlichen Kenntnisse und Fähigkeiten auf den verschiedensten Gebieten des menschlichen Wissens (»er übertraf alle anderen Menschen« heißt es denn auch in Vasaris Leonardo-Biographie). Die bekannteste psychologische Studie wurde im Jahre 1910 von Sigmund Freud verfaßt, in der dieser ausgehend von einer kindlichen Phantasie (»... meine erste Erinnerung an meine Kindheit ist, glaube ich die, daß ich in meiner Wiege lag und ein Bussard zu mir kam und mir mit seinem Schwanz den Mund öffnete und diesen Schwanz viele Male zwischen meine Lippen stieß«) die Entwicklung der Sexualität bei Leonardo und deren Einfluß auf die Kreativität des Künstlers beschrieb. Freud hatte seine Annahme, Leonardo sei homosexuell veranlagt gewesen, auch mit dem Hinweis auf seine Linkshändigkeit untermauert (»Leonardo, von dem keine Liebesbeziehungen bekannt sind, war vielleicht der berühmteste Fall von Linkshändigkeit« hatte Freud schon 1898 seinem Freund Wilhelm Fliess geschrieben, der von einer Veranlagung zur Bisexualität ausging). Schon Freud hat die fehlerhafte Orthographie Leonardos bei seiner psychoanalytischen Deutung berücksichtigt. In jüngster Zeit wurden seine Linkshändigkeit und die Eigenheiten seiner Schreibweise als wesentliche Elemente für eine neuropsychologische Deutung herangezogen, die sich nach Meinung der beiden Amerikaner Aaron und Clouse »auf die Möglichkeit stützt, daß beim Gehirn Leonardos eine andere Organisation vorgelegen haben könnte, als dies bei den meisten Menschen der Fall ist, und daß er aufgrund dieser abweichenden Gehirnorganisation in der Lage gewesen sei, die Welt in ganz und gar ungewöhnlicher Weise anzugehen«. Für den Neuropsychologen Schott bestand diese besondere Gehirnorganisation vor allem darin, daß »bei Leonardo die rechte Hemisphäre für das Sprechen und die Sprachverarbeitung dominierend war«.

In dem Buch »Das Leben des florentinischen Malers und Bildhauers Leonardo da Vinci« von Vasari findet sich der berühmte Satz: der Künstler »schrieb die Briefe mit so häßlichen Buchstaben, die er mit der linken Hand seitenverkehrt verfertigte, daß ein ungeübter Leser daraus nicht schlau wird, weil sie nur mit Hilfe des Spiegels zu lesen sind«. Es ist vielfach angenommen worden, Leonardo habe deshalb so merkwürdig geschrieben, um so seine Entdeckungen vor Plagiatoren zu schützen oder um die Weitergabe häresieverdächtiger Schriften zu unterbinden. Dagegen ist allerdings eingewandt worden, daß das ein ausgesprochen naives Mittel gewesen wäre, da ein Spiegel ausgereicht hätte, um das lesen zu können, was Leonardo zu verbergen suchte. Im *Codex Atlanticus* findet sich die Zeichnung einer linken Hand, die einen Stift hält (Abb. 30 a). Namhafte Leonardo-Forscher gehen davon aus, daß es sich hierbei um seine eigene Hand handelt. Diese Zeichnung offenbart ein wichtiges Faktum. Der Stift wird nämlich so gehalten, daß die Spitze nach außen zeigt und nicht zur Handfläche hin gebogen ist. Untersuchungen darüber, welche der beiden Hände beim Schreiben bevorzugt wird (die rechte oder die linke Hand) und wie der Stift dabei gehalten wird (ob er nach außen oder nach innen zeigt), haben zu dem Schluß geführt (der freilich von anderen Wissenschaftlern in Frage gestellt wurde), daß bei Menschen, die mit der linken Hand schreiben und den Stift dabei nach außen gerichtet halten, hinsichtlich der sprachlichen Funktionen eine Dominanz der rechten Hirnhälfte vorliege (bei denjenigen, die mit der linken Hand und mit nach innen gerichtetem Stift schreiben, liege dagegen die »normale« Spezialisierung der linken Hirnhälfte für die Sprache vor) (Abb. 30 b). Im übrigen gilt ja die Spiegelschrift, wie bereits erwähnt, als Hinweis für Linkshändigkeit.

Nicht immer hat Leonardo von rechts nach links und seitenverkehrt geschrieben (Abb. 30); manchmal verläuft seine Schrift auch normal von links nach rechts, wie im Fall des berühmten Briefes an den Herzog von Mailand, Ludovico il Moro, in dem er diesem seine Dienste anbietet (allerdings gilt dieser Brief jedoch nicht als von Leonardo eigenhändig geschrieben, und er ist nach Meinung mancher Wissenschaftler auch nicht authentisch, da er in einem für Leonardo nicht typischen Stil geschrieben ist). Die Spiegelschrift ging häufig einher mit Rechtschreibfehlern, die kennzeichnend sind für Kinder, denen das Lesen- und Schreibenlernen Schwierigkeiten bereitet (diese Störungen werden auch als »Dyslexie« und als »Dysgraphie« bezeichnet).

Während Leonardos Vorliebe für die Spiegelschrift offen zutage tritt, läßt sich jedoch nicht immer eindeutig erkennen,

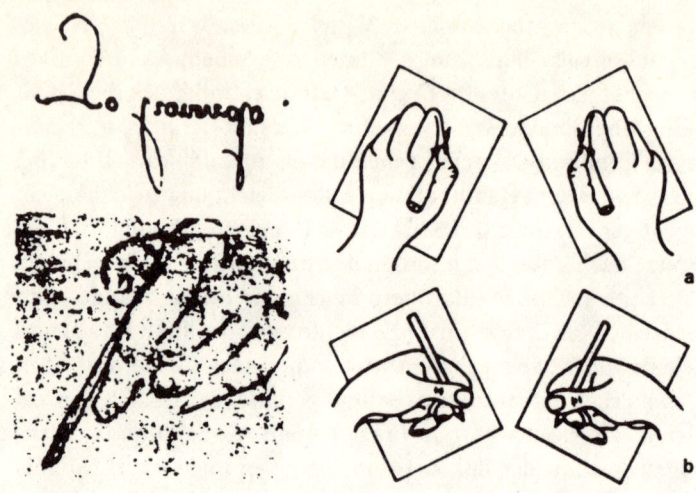

Abb. 30: *Links oben:* In Spiegelschrift geschrieben handschriftliche Aufzeichnung Leonardo da Vincis; *Links unten:* Diese Skizze zeigt vermutlich die linke Hand Leonardos. *Rechts:* Haltung der Hand bei Rechtshändern und bei Linkshändern mit nach außen zeigendem Stift (a) und nach innen gebogenem Stift (b).

ob seine Rechtschreibfehler auf eine Störung (etwa die Dyslexie) zurückzuführen sind oder aber damals durchaus übliche Schreibvarianten darstellen. Marinoni, einer der bedeutendsten Leonardo-Experten, hat darauf hingewiesen, daß bei Leonardo zahlreiche graphische Varianten vorkommen (z.B. läßt er das *i* weg, etwa bei *camica* = camicia ›Hemd‹, *goco* = gioco ›Spiel‹, oder das *h*, etwa bei *sciuma* = schiuma ›Schaum‹); ferner kommen phonetische Varianten vor (z.B. verwechselt er *r* und *l*, wie bei *contempra* = contempla ›betrachtet‹ oder bei *albusti* = arbusti ›Sträucher‹, außerdem morphologische Varianten (z.B. *fiacciano* = facciamo ›wir machen‹, *dichino* = dicano ›sie mögen sagen‹) und schließlich auch syntaktische Varianten. Alle diese Varianten können für den Psychologen Anzeichen für Sprachstörungen sein, aber es kann sich genausogut um sprachliche Varianten jener Zeit handeln. Man nimmt an, daß bei Kindern mit einer Dyslexie eine Retardierung des Prozesses der funktionalen Spezialisierung der Hemisphären vorliegt, bei der die linke Hemisphäre die sprachlichen und die rechte die visuell-räumlichen Funktionen übernimmt.

In manchen Fällen führt eine Dominanz der linken Hand zu zusätzlichen Komplikationen. Die obengenannten Indizien (Linkshändigkeit, Schreibhaltung, Spiegelschrift, Rechtschreibfehler) deuten darauf hin, daß bei Leonardo eine Dominanz der linken Hand und eine Spezialisierung der rechten Hirnhälfte auf sprachliche Funktionen vorgelegen hat. Diese Annahme wird noch durch eine eineinhalb Jahre vor Leonardos Tod gemachte Beobachtung untermauert. Als nämlich Kardinal Ludwig von Aragon Leonardo in Cloux besuchte, fiel seinem Sekretär auf, daß Leonardo trotz einer Lähmung der rechten Hand nach wie vor mit der gewohnten Sicherheit zeichnete. Andererseits war nicht die Rede von irgendwelchen besonderen Sprachstörungen, wie sie normalerweise auftreten, wenn eine durch eine Schädigung der linken Hirnhälfte bedingte Lähmung der rechten Hand vorliegt. Allerdings hatte Leonardo schon immer Schwierigkeiten gehabt, sich auszudrücken, und seine Aussage, er sei ein »omo senza lettere« (wörtlich: ›ein Mensch ohne Buchstaben‹, d.h. ›ein Mensch ohne Bildung‹), galt nicht nur als Kennzeichnung eines empirisch vorgehenden Wissenschaftlers, der sich vom wortgewaltigen Kulturbetrieb seiner Zeit fernhielt, sondern auch als indirekter Hinweis auf seine Schwierigkeit, sich die »lettere« anzueignen.

Es läßt sich unschwer ein Zusammenhang herstellen zwischen Leonardos »Ungebildetheit« und seiner Hinwendung zu den bildenden Künsten. Leonardo selbst hat bekanntlich immer wieder darauf hingewiesen, daß seiner Meinung nach die Malerei und das Zeichnen zur Erfassung der Welt besser geeignet seien als die Literatur: »Oh Schriftsteller, mit welchen Buchstaben kannst du die ganze Erscheinung ebenso vollkommen wiedergeben, wie dies hier die Zeichnung vermag. Da du keine Kenntnis besitzt, schreibst du wirr und gibts kaum eine

Vorstellung vom wahren Aussehen der Dinge.« Bemerkenswert ist bei Leonardo der Gegensatz zwischen dem sequentiellen verbalen Denken (eine Funktion, die im allgemeinen der linken Hirnhälfte zugeschrieben wird) und dem unmittelbaren und globalen visuellen Denken (für welches die rechte Hirnhälfte zuständig ist):

»Wenn du, Dichter, die blutige Schlacht darstellst, so ist die Luft finster und schattenreich, durch den Rauch hindurch sieht man furchterregende, todbringende Maschinen, die Sicht wird von dichtem Staub behindert und durch die wilde Flucht der vom schrecklichen Tod bedrohten Elenden.

In diesem Fall ist der Maler dir überlegen, denn deine Feder wird abgenutzt sein, noch ehe du mit der Beschreibung dessen ganz fertig bist, was der Maler dir mit seiner Kunst vor Augen führt. Und deine Zunge wird dir den Dienst versagen vor lauter Durst und der Körper vor Schlaf und vor Hunger, noch ehe du mit Worten aufgezeigt hast, was der Maler dir in einem Augenblick aufzeigt. In seinem Gemälde fehlt nichts als die Seele des Vollendeten, und in jedem Körper ist die Vollkommenheit jenes Teils, der sich unter einem einzigen Aspekt aufzeigen läßt. Es wäre ein langatmiges und unerquickliches Unterfangen, wollte die Dichtung alle Bewegungen der an diesem Kriege Beteiligten wie auch deren Gliedmaßen in all ihren Teilen sowie ihren Zierrat aufzählen, welche das vollendete Gemälde dir in aller Kürze und in seiner ganzen Wahrheit vor Augen führt, und an dieser Darstellung fehlt nichts als der Lärm der Maschinen und das Schreien der überraschten Sieger und das Schreien und Wehklagen der Entsetzten. Diese wiederum kann der Dichter ebenfalls nicht dem Gehör vermitteln. Wir können also sagen, daß die Dichtung jene Kunst ist, die für die Blinden am besten taugt, die Malerei dagegen für die Tauben, aber dennoch ist die Malerei überlegen, da sie dem besseren Sinne dient.

Die eigentliche Aufgabe des Dichters besteht darin, Worte zu erfinden, welche die Menschen miteinander sprechen, und nur diese stellt er dem Gehör als ganz natürlich vor, da sie an sich schon natürliche Produkte der menschlichen Stimme sind; in jeder anderen Hinsicht wird er vom Maler übertroffen. Doch unvergleichlich größer ist die Mannigfaltigkeit der Malerei als die der Worte, da der Maler Unendliches hervorzubringen vermag, was sich mit Worten nicht benennen läßt, da es hierzu an geeigneten Vokabeln fehlt.«

Die Darstellungen der *Anghiari-Schlacht* sind zweifellos »visuell«: »in einem Augenblick zeigt dir der Maler« den Schrecken des Krieges, der »sich mit Worten nicht benennen läßt, da es hierzu an geeigneten Vokabeln fehlt«.

Der Übergang vom Hören zum Sehen

Leonardo lernte die Wirklichkeit durch eine ständige *visuelle* Auseinandersetzung des Geistes mit den Dingen kennen, »da sich das Auge weniger leicht täuschen läßt«. Die philosophische Spekulation (der »geistige Diskurs« Leonardos) mußte sich auf die vom Maler präsentierte visuelle Darstellung der Wirklichkeit stützen, eine Darstellung, die ihrerseits auf Schemata beruhte, aufgrund derer sich die Struktur dieser Wirklichkeit in allen Einzelheiten erkennen läßt. Diese Schemata sind im wesentlichen visueller Natur (Abb. 31), wie auch die Vorstellungen des Wissenschaftlers, von denen bereits die Rede war, visueller Art sind. Die Tatsache, daß der Übergang zu einer visuellen Darstellung der Wirklichkeit, der sich zwischen dem 15. und dem 16. Jahrhundert vollzogen hat, einer der Hauptfaktoren für die Entwicklung der modernen Wissenschaft gewesen ist, wird unterdessen bei Wissenschaftshistorikern allgemein anerkannt. Die neue »Vision« zeigt sich vor allem an der geometrischen Erfassung des Raumes mit Hilfe der Perspektive und am Einsatz von Instrumenten (Fernrohr, Mikroskop), die Zugang zu früher unbekannten Welten verschafften.

Es veränderte sich jedoch nicht nur die Art und Weise der Darstellung und der Erfassung der Wirklichkeit durch Künstler und Wissenschaftler. Auch die inneren Vorstellungen, die sich die Menschen von ihrer Umwelt machten, wandelten sich. Deutlich aufgezeigt wurde diese Veränderung durch den französischen Historiker Lucien Febvre, der 1947 ein Buch über Rabelais veröffentlichte, in dem er darlegte, daß die Wahrneh-

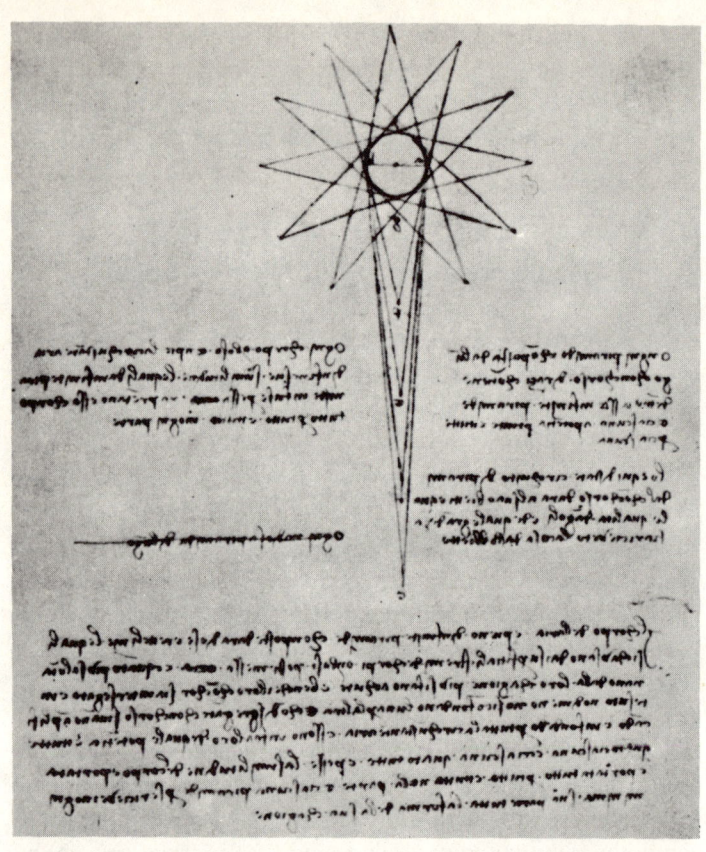

Abb. 31: Von einer Kugel gehen wie von jedem Gegenstand unendlich
viele Lichtstrahlen aus. Vom Segment *ab* (dem Durchmesser des Krei-
ses) gehen zwei Strahlen aus, die im unteren Punkt *c* zusammenlaufen
(der Buchstabe ist in Spiegelschrift geschrieben). Die »Pyramide« abc
enthält »unendlich viele Pyramiden« wie *abd, abe* bzw. *abf,* je nach
der Position, die das Auge des Betrachters einnimmt (*c, d, e,* oder *f).*
Der Kommentar zu diesem berühmten Schema des Pyramidenmodells
der visuellen Wahrnehmung beginnt folgendermaßen (der Text beginnt rechts von der Zeichnung und ist nach links geschrieben): »Jede
Pyramide, die aus zusammenlaufenden Strahlen besteht, enthält eine
unendliche Zahl von Pyramiden.« (Leonardo, *Codex Atlanticus,* Bd.
86, Edition Brizio)

mungen des vormodernen Menschen sich im wesentlichen auf Geräusche und Gerüche beschränkt und visuelle Eindrücke keine große Rolle gespielt hätten. Der Vorrang des Hörens gegenüber dem Sehen war seiner Meinung nach vor allem dadurch bedingt, daß bei der Mehrzahl der Menschen die kulturelle Überlieferung auf oralem Wege vor sich ging, während die Schriftkultur auf eine kleine Minderheit beschränkt war. Mit der Erfindung des Buchdruckes mit beweglichen Lettern habe sich dann der Übergang von der oralen Kultur zur Schriftkultur vollzogen. Dies führte zu einer neuen Form der Wirklichkeitsdarstellung, worauf in verschiedenen Beiträgen sowohl von Seiten der Soziologen hingewiesen wurde (etwa von McLuhan, *Die Gutenberg Galaxis,* 1968) als auch von Seiten der Wissenschaftshistoriker (etwa von Koyré, *Von der geschlossenen Welt zum unendlichen Universum,* [8]1980).

Das Interesse, das dem Wandel des menschlichen Geistes im Verlauf der Geschichte entgegengebracht wurde, entstand nicht zufällig aufgrund einer Untersuchung über den Menschen im 16. Jahrhundert; es stellte vielmehr einen zentralen Aspekt der französischen Historiographie dar, zu deren bekanntesten Vertretern Lucien Febvre zählte. In seinem 1938 erschienenen Beitrag *Psychologie und Geschichte* beschrieb Febvre das neuerwachte Interesse für die geschichtliche Dimension des menschlichen Geistes sehr anschaulich:

»Wenn die Psychologen in ihren Büchern, in ihren Abhandlungen über Gefühle, Entscheidungen, Reflexionen des ›Menschen‹ sprechen, dann geht es in Wirklichkeit um unsere Gefühle, um unsere Entscheidungen und um unsere Reflexionen: Um uns ganz speziell, um uns Weiße in Westeuropa, die in uralten Kulturen verwurzelt sind. Wie ist es nun möglich, daß wir Historiker uns zur Interpretation der Aktivitäten der Menschen früherer Zeiten auf eine Psychologie berufen, die auf der Beobachtung der Menschen des 20. Jahrhunderts beruht?«

Nun könnte fälschlicherweise der Eindruck entstehen, die Erfindung der Buchdruckerkunst habe zu einem unvermittelten Bruch zwischen dem Menschen früherer Epochen und dem

Menschen der Neuzeit geführt. In Wirklichkeit hat sich diese Entwicklung nur sehr langsam vollzogen. Der Übergang von einer oralen Kultur zu einer Schriftkultur und hin zu einer durch die Buchdruckerkunst bestimmten Kultur hat Jahrtausende gedauert und sich keineswegs linear und progressiv vollzogen. Neben der Schriftkultur gab es gleichzeitig auch die orale Kultur, die bei den herrschenden Schichten und bei den unteren Bevölkerungsschichten in unterschiedlicher Weise ausgeprägt war; hierüber hat es bei den zeitgenössischen Historikern eine intensive Auseinandersetzung gegeben.

In diesem Zusammenhang möchte ich an den Müller Menocchio erinnern, der Ende des 16. Jahrhunderts wegen Häresie verurteilt wurde und dessen Fall in einem interessanten Buch des Historikers Carlo Ginzburg aufgegriffen wurde (*Der Käse und die Würmer. Die Welt eines Müllers um 1600*. Frankfurt 1979). Als die Inquisitoren fragten, woher seine häretischen Gedanken stammten, antwortete Menocchio: »Diese Meinungen, die ich vertreten habe, kommen aus meinem Gehirn«, und somit nicht aus den einfachen und theologisch unbedenklichen Büchern, die er offenbar gelesen hatte (dies zeigt übrigens, wie weit die Schriftkultur auch unter einfachen Leuten verbreitet war). Die von ihm gelesenen Schriften trafen auf ein Gehirn und wurden von diesem weiterverarbeitet, das von der mündlichen Kultur geprägt war, also jener Kultur, die für die Menschen an der Schwelle zur Neuzeit nach wie vor dominierend war.

Der Frage, wie der Leser eigentlich mit dem schriftlichen Text umgegangen ist, gehen seit einiger Zeit die Historiker nach. Aus den zur Klärung dieser Frage durchgeführten Untersuchungen – ich beziehe mich insbesondere auf diejenigen von Eric A. Havelock über die Welt der Griechen – ergaben sich zahlreiche aufschlußreiche Hinweise, die eine Rekonstruktion der Mentalität der Menschen früherer Zeiten ermöglichen. Auch Havelock hat mit Nachdruck auf den durch die Einführung der Schrift (um 3000 v. Chr.) und des Alphabets (um 750 v. Chr.) bedingten tiefgreifenden geistigen Umbruch hingewiesen. Durch diese Kommunikationsmittel wurde der »Erosionsprozeß der Oralität« (Havelock) in Gang gesetzt, dessen nächste wichtige Etappe die Erfindung der Buchdruckerkunst darstellen sollte. Das Kommunikationspotential der prä-alphabetischen Schrift beschränkte sich auf Objekte und Begriffe, für die in ihrem piktographischen und ideographischen Repertoire Zeichen vorgesehen waren. Das Alphabet dagegen macht es möglich, mit einer geringen Zahl optischer Zeichen eine unbegrenzte Anzahl von Wörtern und Ausdrücken zu kommunizieren.

In einer oralen Kultur ist das Gedächtnis die wichtigste geistige Funktion. Havelock legte dar, daß die homerische Dichtung für die Griechen eine »Enzyklopädie der Verhaltensnormen« darstellte: »Ihre Entstehung war eine Reaktion auf die Prinzipien der oralen Gedächtnisspeicherung und auf die Notwendigkeit, die Überlieferung sicherzustellen. Die sprachlichen Inhalte konnten nur dann erinnert und wiedergegeben werden, wenn sie in einer ganz bestimmten Form rezitiert wurden: Sie existierten nur als Klang und wurden mit Hilfe des Gehörs im Gedächtnis gespeichert und durch die Stimme den Zeitgenossen übermittelt.« Der Sänger mußte sich an den zu rezitierenden Text erinnern, und wenn er vor seinen Zuhörern stand, konzentrierte er sich ausschließlich auf ihn. »Wer an das Schreiben und Lesen gewöhnt ist, vermag sich kaum vorzustellen, welche enorme geistige Anstrengung dies bedeutete: Es erforderte eine unglaubliche Konzentration, eine Versenkung des Geistes im Akt des Rezitierens« (Havelock).

Es war bereits von den Mitteln die Rede, derer sich der Sänger und vor ihm der Dichter bedienten (zuweilen handelte es sich dabei auch um ein und dieselbe Person), um die Speicherung eines Textes im Gedächtnis und dessen Abruf bei der Rezitation zu erleichtern. Havelock sprach darüber hinaus von dem »Echoprinzip«, das darauf beruht, daß gewisse Ausdrücke andere in Erinnerung rufen oder daß manche Dinge mit anderen Vorgängen in Zusammenhang stehen: »Das Echo ist das, worauf die Ohren des Sängers und der Zuhörer eingestellt sind.« Diese Art der Gedächtniskunst (Mnemotechnik) umfaßte noch weitere Verfahren, beispielsweise den Rückgriff auf Gegensatzpaare, wie sie etwa bei Heraklith vorkommen: »Die Krankheit läßt die Gesundheit angenehm und willkommen erscheinen, der Hunger die Sattheit, die Müdigkeit die Ruhe.« Hier verweist also ein Wort (»die Krankheit«) auf das nächste (»die Gesundheit«), so daß sich dieser Satz leichter behalten läßt.

Hinzu kam noch die Tatsache, daß die Dichtung eine genau festgelegte metrische Struktur aufwies, so daß die Erinnerung an einen Abschnitt sowohl durch die Assoziation der Wörter gefördert wurde, als auch durch ihre metrische Kadenz, durch einen poetischen Gleichklang, der sich beim Sänger und bei seinen Zuhörern einstellte. Die Einführung des Alphabets um 750 v. Chr. und seine Verbreitung etwa ab 500–450 v. Chr. führten zu einer strukturellen Veränderung der griechischen Dichtung und Prosa. Es ließen sich noch weitere interessante Beispiele anführen, wie etwa der Übergang von einer Historiographie, die zum Rezitieren in der Öffentlichkeit gedacht war und daher eine Vielzahl bildlicher Ausdrücke aufwies, um so die Zuhörer zu beeindrucken (Herodot), hin zu einer Historiographie, die dazu gedacht war, daß der einzelne Leser sie rezipierte und sich mit ihr auseinandersetzte, bei der infolgedessen die Fakten ganz klar und streng gegliedert dargelegt wurden, wie dies Tukydides in einem aufschlußreichen Abschnitt forderte, der von Bruno Gentili und Giovanni Cerri in ihrer Untersuchung über »schriftliche und mündliche Kommunikation in der historiographischen Theorie der Griechen« zitiert wird.:

Vielleicht macht das Fehlen des Spektakulären die Schilderung für die Zuhörerschaft weniger gefällig; wer allerdings genau wissen möchte, was sich tatsächlich zugetragen hat oder was sich, bedingt durch die Natur des Menschen, so oder so ähnlich zutragen könnte, der wird dies, so hoffe ich, als positiv empfinden.

Meine Geschichte ist ein ewiges Gut, nicht eine für das zufällig anwesende Publikum bestimmte Rezitation.

Die Schrift ermöglicht es nicht nur, einen Text »auf ewig« zu konservieren, es geht dabei nicht nur um Fragen der Materialien und um Nutzungsmöglichkeiten. Die Abkehr von der oralen Kommunikation erleichtert für den der Schrift kundigen Menschen – vor allem wenn es sich um eine alphabetische Schrift handelt – nicht nur die Kommunikation der nun nicht mehr an starre sprachliche Formeln gebundenen Gedanken, sondern auch die Rezeption der Ergebnisse dieser Gedanken, da die Rezeption nun nicht mehr von der Notwendigkeit der unmittelbaren Speicherung des Gehörten geprägt ist, damit es später wieder abgerufen werden kann. Dank der Schrift und des Alphabetes vermag sich der Geist allmählich von den Schranken und den starren Schemata zu befreien, die seine Kreativität einschränken. Der geschriebene Text stellt ein Hilfsmittel dar, dessen sich der Mensch beim Denken bedienen kann, ohne daß er den Inhalt notwendigerweise in seiner ursprünglichen Form in seinem Gedächtnis speichern muß. Bei der Lektüre werden die Informationen so gefiltert und verarbeitet, daß das Gedächtnis nicht überlastet wird.

Dennoch ist auch die Behauptung aufgestellt worden, die Schrift behindere das Denken und die Ausdrucksfähigkeit. In einem häufig zitierten Abschnitt aus *Phaidros* vertrat Platon die Ansicht, das Alphabet führe »bei denen, die es erlernen, zum Vergessen: sie werden aufhören, ihr Gedächtnis zu schulen, da sie sich im Vertrauen auf das Geschriebene die Dinge nicht mehr aus ihrem eigenen Erinnern ins Gedächtnis rufen werden, sondern nur durch äußere Zeichen«. Noch genereller formulierte Aristoteles in seinem Buch über die Sinne seine Überzeugung, daß das Hören dem Sehen überlegen sei: »Besser ist an sich das Sehen, aber im Hinblick auf den Verstand unter Umständen auch das Hören (...). Das Hören trägt in hohem Maße zur Ausbildung des Verstandes bei, weil die Rede der Ursprung der Unterweisung ist und insofern gehört wird, und nicht an sich, sondern durch die Umstände bedingt – in der Tat besteht sie aus Wörtern und jedes Wort ist ein Symbol. Daher sind unter jenen, denen von Geburt an der eine oder der andre Sinn fehlt, die Blinden klüger als die Taubstummen«.

In einer oralen Kultur war also das Gedächtnis eine der zentralen geistigen Funktionen. Tatsächlich haben die seit der Antike entwickelten Gedächtnistheorien ein außerordentlich hohes Niveau der analytischen Durchdringung erreicht, die den Überlegungen zu anderen Funktionen wie etwa der Wahrnehmung oder der Aufmerksamkeit fehlen. Andererseits ist bekannt, daß in der Antike wie auch während des ganzen Mittelalters bis zum Beginn der Neuzeit das Gedächtnis stets geschult und gefördert wurde.

Wie die Historiker feststellten, ist die Mnemotechnik nicht nur ein Hilfsmittel zur Erlangung von Kenntnissen, sondern sie ist auch Ausdruck der Mentalität des Menschen, der Art und Weise, seine Gedanken zu ordnen. Als die Buchdruckerkunst mit beweglichen Lettern aufkam, führte dies weder zu einer drastischen Abkehr von der oralen Kultur, noch verlor das Gedächtnis unmittelbar seine zentrale Bedeutung. Dieser Prozeß ging keineswegs schnell vor sich, er verlief nicht kontinuierlich in einer Richtung, sondern vollzog sich bei den gebildeten und einflußreichen Kreisen in ganz anderer Weise als bei den unteren Bevölkerungsschichten. Ein Mensch, der die Informationen nicht filtert, der sich nicht darauf beschränkt, das für sein Leben Relevante zu speichern, und der nicht das aussondert, was von seinen Sinnen an Irrelevantem aufgenommen wurde bzw. was im Laufe der Zeit an Relevanz verloren hat, wird letztlich von seinem eigenen Gedächtnis übermannt.

Ein von Luria beschriebener paradoxer Fall, der bereits erwähnt wurde, macht dies deutlich: Ein Chronist bei einer Moskauer Zeitung besaß ein phänomenales Gedächtnis, so daß er sich an alles erinnern konnte; jedes Ding, jedes Wort verband sich für ihn mit unendlichen Assoziationen. Letzten Endes vermochte sein von einer Flut an Erinnerungen überschwemmter Geist nichts Eigenes mehr hervorzubringen: er wurde zu einer öffentlich bestaunten Attraktion und konnte nur noch ad infinitum das reproduzieren, was das Publikum seinem Gedächtnis nahelegte. Bei diesem Menschen waren alle geistigen Funktionen in der Weise reorganisiert worden, daß dem Gedächtnis eine dominierende Stellung zukam. Luria hat diesen Fall nicht der Kuriosität wegen geschildert, sondern um an ihm aufzuzeigen, wie es bei einem Menschen mit einer dominierenden Funktion zu einer Umstrukturierung aller geistigen Funktionen kommen kann (dies hat er im übrigen auch anhand von anderen Fällen aufgezeigt, bei denen die Umstrukturierung dadurch verursacht worden war, daß infolge einer Hirnverletzung der Verlust einer Funktion eingetreten war).

Nicht weniger interessant scheinen mir einige Betrachtungen darüber zu sein, wie sich die Schrift entwickelt hat. Die Paläographen wissen sehr wohl, daß sich die Entwicklung der Schrift keineswegs geradlinig und folgerichtig vollzogen hat, sondern daß es ganz verschiedene Ansätze gegeben hat, die sich nicht auf ein Grundschema reduzieren lassen. Ich denke vor allem an neuere Untersuchungen über das Erkennen von Buchstaben je nachdem, ob sie in Druck- oder in Schreibschrift geschrieben sind. Vor zehn Jahren wurde die Behauptung aufgestellt, das Erkennen von Buchstaben sei Aufgabe der linken Hirnhälfte, die eben auf die Verarbeitung sprachlicher Informationen spezialisiert sei. Dann kamen Zweifel an der Gültigkeit dieser verallgemeinernden Behauptung auf, da zu unterscheiden ist, ob es sich um Buchstaben in Schreibschrift oder um Druckbuchstaben handelt, ganz abgesehen von der ebenfalls wichtigen Frage, ob wir es mit Vokalen oder mit Konsonanten zu tun haben. Tatsächlich lassen sich Buchstaben in Schreibschrift schwerer erkennen und erfordern folglich mehr Zeit für ihre Verarbeitung. Außerdem wäre angesichts ihrer graphischen Gestaltung, die teilweise sehr kompliziert ist (wenn man etwa an einen handgeschriebenen Brief oder an ein Rezept denkt), die für die Analyse komplexer optischer Formen zuständige rechte Hirnhälfte an dem Vorgang des Erkennens beteiligt.

Es kann als gegeben betrachtet werden, und ich habe es selbst vor kurzem aufgezeigt, daß es im wesentlichen zwei Schriftarten gibt, nämlich die Druckschrift und die Schreibschrift, und daß das Gehirn diese entweder nur mit der linken Hemisphäre oder vielleicht auch mit beiden Hemisphären verarbeitet. Das menschliche Gehirn hat allerdings nicht zu allen Zeiten diese beiden Schriftarten unterschieden, wenn es mit geschriebenen Buchstaben konfrontiert war. Die Schreibschrift ist eindeutig jüngeren Datums als die Druckschrift oder war jedenfalls weniger verbreitet und weniger bekannt als die Druckschrift. Es ist häufig darauf hingewiesen worden, daß ihre Entstehung durch die Notwendigkeit bedingt gewesen sei, das Gedachte rascher in Geschriebenes umzusetzen, wobei sich die Zeichen in ihrer Form abgeschliffen haben und untereinander verbunden wurden (Abb. 32). Es mag absurd erscheinen, wenn ich die Frage aufwerfe, welchen Sinn es haben könnte, feststellen zu wollen, wie die Spezialisierung der beiden Hirnhälften bei einem Menschen ausgesehen habe, der im 3. Jahrhundert nach Christus lebte und kaum die klassische römische Schrift lesen konnte, die in großen Druckbuchstaben geschrieben wurde. Die Antwort wäre natürlich banal: Da er keine Schreibschrift kannte, wäre sein Gehirn »stumm« geblieben.

Damit möchte ich folgendes sagen: Wir haben es hier nicht mit neurophysiologischen Beschränkungen zu tun, die typisch wären für die Spezies, der wir angehören (wie im Falle der ultravioletten Strahlen, die wir im Gegensatz zu den Bienen nicht wahrnehmen können, da wir keine hierfür sensiblen Rezeptoren besitzen). Das Gehirn dieses Menschen hätte deshalb nicht auf die in Schreibschrift geschriebenen Buchstaben reagiert, weil es das Gehirn eines Menschen war, der in einer historischen Epoche lebte, in der diese Schreibweise noch nicht bekannt war oder sich bei den Angehörigen seiner sozialen Schicht noch nicht durchgesetzt hatte. Es handelt sich hier nicht um eine physiologische, sondern sozusagen um eine historische Barriere, die das Gehirn im Gegensatz zu den physiologisch bedingten Barrieren irgendwann einmal überwunden hat.

Es war eben die Rede von den Vokalen und den Konsonanten. In diesem Zusammenhang denke man an Sprachen (und

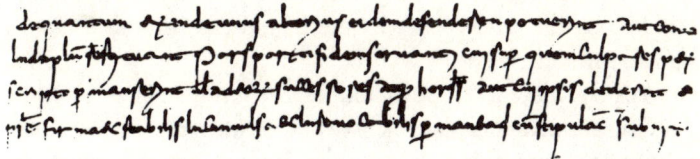

VSLF·POB·EPVLO·PR
I·VIR·EPVLONVM

CESTIJVS·L·F(ilius)·POB(lilia)·EPVLO·PR(aetor)...
VIJI·VIR·EPVLONVM...

de quantum exinde unus alterius eidem defendere n(on) potuerint aut cont[endere...
in duplu(m) restituant pars parti fidem seruanti cui sup(er) quem culpa respex[erint...
scripto p(er)manserint u(e)l ad eor(um) successores atq(ue) her(e)d(e)s aur cui ipsis
dederint et...
tem]p(o)re firma et stabilis inconuulsa et inreuocabilis p(er)manead cu(m) stipulac(ione)
subnixa.

M·TVLLI · CICERONIS · ORATOR · EXPLICIT · FELICITER

Abb. 32: Schrifttypen. Von oben: sogenannte *capitalis quadrata* des augusteischen Zeitalters, *jüngere römische Kursive* in einer Urkunde des Jahres 984 und *Humanistenkursive* von Niccolò Niccoli aus dem Jahre 1423. Letztere hat sich unter der Bezeichnung »Antiqua« in ganz Europa verbreitet und wurde für den Buchdruck mit beweglichen Lettern verwendet.

an die Menschen, die diese Sprachen sprechen), bei denen Vokale entweder fehlen oder aber gegenüber den Konsonanten überwiegen, wie dies bei den semitischen Sprachen bzw. im Japanischen der Fall ist. Oder man denke an die Schreibrichtung,

169

die heute bei den Sprachen des westlichen Kulturkreises von links nach rechts verläuft. In früheren Zeiten dagegen war die Schreibrichtung entweder nicht eindeutig erkennbar oder sie verlief von rechts nach links, wie heute noch beim Arabischen und beim Hebräischen (noch komplizierter sieht es beim Japanischen und beim Chinesischen aufgrund der Anordnung der Schriftzeichen in senkrechten Reihen aus). Und auch die nur scheinbar belanglosere Frage nach der Groß- und Kleinschreibung spielt hier eine Rolle: Letztere kam erst um das 3. Jahrhundert n. Chr. auf.

Aus all diesen Gründen müßte bei Untersuchungen über den Zusammenhang zwischen der Spezialisierung der beiden Hirnhälften und dem Erkennen von Buchstaben oder über die Blickrichtung beim Lesen ausdrücklich auf die kulturellen und historischen Gegebenheiten hingewiesen werden, und es dürfte nicht nur behauptet werden, bestimmte Daten seien an sich oder für die jeweiligen Ergebnisse unerheblich. Es ist also jeweils genau anzugeben, um wen es sich bei den untersuchten Individuen handelt, welche Sprache sie sprechen, wobei man vielleicht noch hinzufügen könnte, ob die ermittelten Daten für einen Menschen mittleren Bildungsgrades des 20. Jahrhunderts typisch sind oder nicht. Wie Febvre es formuliert hat, wären diese Daten also nicht für »den Menschen« gültig, sondern etwa für weiße Westeuropäer von heute.

Im Zusammenhang mit der historischen Entwicklung der geistigen Funktionen möchte ich noch eine weitere Anmerkung zu den historischen und literarischen Quellen der Vergangenheit machen. Einer kürzlich durchgeführten Untersuchung über die Kommunikationsformen in der Antike habe ich entnommen, das »stille« Lesen, wie Sie es vermutlich beim Lesen dieser Zeilen praktizieren, sei damals nur sehr selten vorgekommen; dies war für mich insofern interessant, als mir der Zusammenhang zwischen dem Denken und dem Sprechen (und zwar in seiner Erscheinungsform als äußerem und innerem Sprechen) ebenso bekannt ist wie seine Entwicklung in den ersten Lebensjahren des Kindes. Es war daher meiner Meinung

nach damit zu rechnen, daß für die orale Kommunikation gewohnten Menschen das Buch, nachdem es sich durchgesetzt
hatte, eine Entlastung des Gedächtnisses mit sich bringen würde, daß aber gleichzeitig diese Menschen dazu tendieren würden, laut zu lesen.

Es steht also nun fest, daß auch dann, wenn man alleine war
und für sich las, die Lektüre laut vonstatten ging. Diese Art des
Lesens war in der Antike allgemein üblich, und daher dienten
die Bibliotheken, wie Havelock anmerkt, praktisch nur als Ma-
gazin und hatten keinen Lesesaal; gelesen wurden die Bücher in
den angrenzenden Kolonnaden. Und McLuhan weist in seiner
Abhandlung über die Zeit vor der Einführung der Buchdruckerkunst darauf hin, daß die Mönche im Mittelalter während der
Ruhezeiten in ihren Zellen nicht durch lautes Lesen stören durf-
ten. McLuhan zitiert eine Untersuchung von Jean Leclerg, aus
der hier ein sehr interessanter Abschnitt wiedergegeben werden
soll:

Im Mittelalter, wie auch in der Antike, lasen die Menschen nicht
wie heute im wesentlichen mit den Augen, sondern mit den Lippen, die
aussprachen, was die Augen sahen, und mit den Ohren, die den gesprochenen Worten lauschten. Es handelte sich also um eine regelrecht
akustische Lektüre; *legere* bedeutet gleichzeitig *audire* (...). Die Folge
war mehr als nur eine rein visuelle Erinnerung an die geschriebenen
Wörter: Hinzu kam eine muskuläre Erinnerung an die gesprochenen
Wörter und eine auditive Erinnerung an die gehörten Wörter (...).
Man murmelte also die göttlichen Worte immer wieder vor sich hin
und nahm sie buchstäblich in den Mund, weshalb zuweilen auch von
geistiger Nahrung die Rede war (...). Meditieren heißt, sich ganz inten-
siv mit dem rezitierten Satz auseinanderzusetzen und die Worte genau
zu ergründen, um ihre Bedeutung voll und ganz erfassen zu können.
Dies heißt also, daß man sich den Inhalt eines Textes aneignete, indem
man ihn gewissermaßen »durchkaute«.

Bei den Untersuchungen der Beziehungen zwischen Denken
und Sprechen (die klassischen Abhandlungen hierzu stammen
von Piaget und Wygotski) wird davon ausgegangen, daß sich
das Denken auf zweierlei Art verbalisieren läßt, und zwar so-

wohl in Form des lauten Sprechens (wie dies bei einem Kind geschieht, wenn es spielt oder ein Problem zu lösen hat) als auch in Form des inneren Sprechens. Es herrscht Einigkeit darüber, daß das innere Sprechen die höherentwickelte Form des verbalen Denkens darstellt und im Kindesalter erst später auftritt. Hier haben wir es nicht mehr, wie beim lauten Sprechen, mit einer artikulierten, ausholenden, grammatikalisch und syntaktisch gegliederten Ausdrucksweise zu tun, sondern mit einer komprimierten Form ohne Erläuterungen oder Details, die im Selbstgespräch für den Betreffenden überflüssig sind. Das laute Lesen zwingt den Geist zur Konzentration auf Aspekte (Stimmführung, Aussprache usw.), durch welche die Gedanken vom Inhalt des Textes abgelenkt werden.

Untersuchungen über das Lesen, bei denen die Augenbewegungen registriert wurden, haben gezeigt, daß der geübte Leser den Text nicht erfaßt, indem er Buchstaben für Buchstaben und Wort für Wort liest, sondern daß er ganz verschieden vorgeht: teilweise überfliegt er einen Abschnitt und läßt dabei Wörter oder Zeilen aus, und teilweise wandert er mit den Augen im Text zurück, je nachdem, ob ihm der Inhalt bekannt ist und ob dieser seinen Erwartungen und Interessen entspricht oder nicht. Aus wenigen tatsächlich gelesenen Fragmenten läßt sich im großen und ganzen der Inhalt erschließen. Dies alles ist nicht möglich beim lauten Lesen, das eine enge Anlehnung an die festgelegte Reihenfolge der Buchstaben und Wörter erfordert. Heute erscheint es uns fast undenkbar, daß die Philosophen früherer Zeit sich mit den Texten ihrer Meister auseinandergesetzt haben sollen, indem sie diese laut lasen und auf diese Weise dem eigenen Denken Fesseln anlegten.

Jahrhunderte hindurch wurde die Welt durch das Hören, durch Worte erfaßt (»für den Ependichter ist das Wort wahrhaftig die Welt, die Welt, die er durch seine Dichtung beschreibt«, J. Russo), wobei sich sowohl bei demjenigen, der die Welt beschrieb, als auch bei demjenigen, dem sie beschrieben wurde, eine ganz bestimmte geistige Struktur herausbildete. Ganz allmählich kam es dann zu einer Umstrukturierung, so daß das Hör- und das Erinnerungsvermögen eine weniger wichtige Rolle spielten als das Sehvermögen, das wohl zur entscheidenden geistigen Funktion geworden ist. Während sich die Funktion der Sprache darauf reduzierte, als Mittel zur Herstellung zwischenmenschlicher Kommunikation bzw. in Form gedruckter Bücher zur Speicherung des kollektiven Gedächtnisses zu dienen, hat das Sehen die Rolle eines Instrumentes der Kreativität übernommen. Bei Leonardo traf diese historische Entwicklung hin zur dominierenden Stellung des Sehens auf eine entsprechende Hirnorganisation und fand daher in seinem Schaffen deutlich ihren Niederschlag.

Der Film gilt als eine Form der künstlerischen Darstellung der Realität, bei der das Sehen die vorrangige, wenn nicht sogar ausschließliche Art der Wahrnehmung darstellt. Als sich der Film vom rein visuell zu erfassenden Stummfilm zum Tonfilm entwickelte, wurden der Text und die Tonspur als Kommentar, als ergänzende Information, zur emotionalen Verstärkung der in den Bildern enthaltenen visuellen Darstellungen hinzugefügt. Es gab nur wenige Ausnahmen, wie die Filme von Robert Bresson, bei denen reale Geräusche verwendet wurden (das Stampfen von Hufen, das Klirren der Waffen, das Singen von Vögeln in *Lancelot und Genoveva)*. Die beim Film bereits bestehende Tendenz zum Extrem der »reinen Visualität« scheint sich durch die Einführung der elektronischen Medien in nicht vorhergesehener Weise weiter zu verstärken.

Die Entwicklung von der oral zur visuell vermittelten Schilderung, von der visuell-gemalten (statischen) zur visuell-gefilmten (dynamischen) Darstellung, läßt sich anhand des in unterschiedlichen Epochen aufgegriffenen Themas der ›Sintflut‹ veranschaulichen. Havelock hat darauf hingewiesen, daß die Darstellung dieses gewaltigen Ereignisses durch die Einführung des Alphapets eine wesentliche Veränderung erfahren hat.

Im *Gilgamesch-Epos*, einer in Keilschrift geschriebenen epischen Dichtung aus Babylonien, finden sich Abschnitte über die Sintflut (Abb. 33).

Einen ganzen Tag hindurch (tobte) der von Süden nahende Orkan. Er nahm immer mehr an Gewalt zu (und überflutete die Berge). Er

Abb. 33: Tontafel in Keilschrift aus der Bibliothek von König Assurbanipal in Ninive (ca. 7. Jahrhundert v. Chr.), auf der die Sintflut beschrieben wird. Die Keilschrift hat sich zwischen 2800 und 2600 v. Chr. entwickelt.

brach über die (Leute) so plötzlich wie eine Schlacht. Niemand konnte seinen Nächsten mehr sehen, vom Himmel waren die Menschen nicht mehr zu erkennen

Havelock hat den ganzen Abschnitt mit dem 12. Gesang der *Ilias* verglichen, in dem von hochwasserführenden Flüssen die Rede ist, die das Heerlager der Griechen zerstörten. Auch der folgende Auszug soll lediglich als Beispiel dienen:

Alles ebnete ein, entlang der Gestade des Hellespont, die heftige Flut, und den weitläufigen Strand bedeckte sie wieder mit Sand, und zerstörte die Mauer; und lenkte die Flüsse aus ihrem Bette, wo zuvor das Wasser in ruhigem Lauf geflossen war.

Der Vergleich dieser beiden in Keilschrift bzw. in griechischer Schrift geschriebenen Versionen veranlaßte Havelock zu der Feststellung, der griechische Text enthalte wesentlich mehr Wörter und Wendungen und sei weder in rituellen Formeln erstarrt, noch weise er die durch die Beschränkungen der Keilschrift bedingten Wiederholungen auf. Der von Havelock angestellte Vergleich läßt sich noch erweitern um den berühmten Abschnitt, in dem Leonardo über den Plan der bildlichen Darstellung der Sintflut berichtet.

Die Sintflut und ihre Darstellung in einem Gemälde. Man sah die düstere, neblige Luft, die verhangen war vom starken und mit Hagel vermischten Regen und von heftigen Winden gepeitscht wurde, welche die herbstlichen Blätter von den Zweigen der gepeinigten Pflanzen rissen und sie hierhin und dorthin wehten. Man sah alte Bäume, die von der Gewalt des Sturms entwurzelt und fortgerissen wurden; man sah die Überreste von Bergen, die vom Laufe ihrer Flüsse bereits unterspült waren und niederstürzten und den Flüssen den Abfluß ins Tal versperrten; daraufhin traten die Flüsse über ihre Ufer und überfluteten Land und Leute.

Obgleich es sich hier um einen Entwurf handelt, der in ein Gemälde umgesetzt werden sollte, weist schon der Text eine ausgesprochen visuelle Komponente auf, die durch das mehrfach wiederholte »man sah« (it. vedeasi) unterstrichen wird. Für Leonardo, der die verbale Darstellung als unzureichend erachtet hatte, war nur die Malerei imstande, eines der bedeutendsten Ereignisse der Menschheitsgeschichte wiederzugeben. Allerdings ist die Darstellung hier nicht mehr rein visuell. Sie enthält einige formale Aspekte, die auch Eisenstein aufgefallen sind. Der sowjetische Regisseur sah in der Beschreibung Leonardos eine Vorlage für eine Verfilmung. Mit seiner Interpretation können wir den fragmentarischen Überblick über die Indizien abschließen, anhand derer der historische Wandel der geistigen Funktionen des Menschen, die Wechselbeziehungen zwischen Wahrnehmung, Gedächtnis und Sprache, zwischen auditiver und visueller Welt aufgezeigt werden sollten. Eisenstein hat klar erkannt, daß bei der Darstellung Leonardos eine Szene der anderen folgt: Flüsse treten über die Ufer, im Vordergrund flüchtendes Vieh, Mütter beweinen ihre ertrunkenen Kinder. Es handelt sich also um einzelne Fragmente, um Bilder, die in schneller Folge zu sehen sind und im Geiste des Lesers zu einer Synthese verschmelzen (nämlich zur Vision der »Sintflut«), so wie dies beim Film im Kopf des Zuschauers geschieht. Während also beim Film die auch schon für die orale Darstellung typische Abfolge von Elementen (nämlich der Wörter) beibehalten wird, liegt das Neue in der Synthese, die die Elemente bei ihrer geistigen Verarbeitung erfahren.

Diese Synthese ist nicht von außen vorgegeben und durch die oral präsentierte Abfolge bestimmt, sondern stellt einen Vorgang dar, der sich im Geiste des Betrachters vollzieht. Eisenstein konnte sich, als er auf die für den Film typischen Charakteristika bei der Beschreibung Leonardos hinwies (»das Auswahlverfahren ist das gleiche wie bei der Montage«), bei der Darlegung der Charakteristika und Absichten der Filmdarstellung auf die Theorien seines Freundes Wygotski über das innere Sprechen beziehen. Der Film, das neue Medium zur Darstellung der Wirklichkeit der Welt von heute, spiegelt die dynamischen Synthesevorgänge wider, die der Mensch vollzieht, um die in der Außenwelt wahrgenommenen einzelnen Fragmente der Wirklichkeit, um die in seinem Innern aufeinanderfolgenden Bilder miteinander zu verknüpfen. Es ändert sich also, wie die Paläographen sagen würden, erneut das Bezugssystem zwischen dem Betrachter und dem Text: Der Geist sieht sich nicht mehr mit einer vorgefertigten Darstellung konfrontiert, sondern wird selbst aktiv tätig und verbindet wie bei der Bildsequenz im Film die einzelnen Fragmente miteinander, die er in seiner Umwelt erfassen kann. Auch hier zeigt sich wieder der Gegensatz zwischen dem kreativen Denken, das die Synthese hervorbringt, und der Sprache, die diese Synthese artikuliert und kommuniziert.

Die Geschichtlichkeit der Hirnorganisation

Offenbar hat sich im Laufe der Jahrhunderte im Geiste des Menschen ein Wandel vollzogen, der in Literatur und Kunst aufgespürt werden kann. Dies bedeutet jedoch nicht, daß zu einem bestimmten Zeitpunkt in der Geschichte der Menschheit das Gehirn plötzlich eine neue Anatomie aufgewiesen hätte und daß von da an die Menschen mit einem anderen Gehirn zur Welt gekommen wären, das sie zu Menschen der Neuzeit anstatt des Mittelalters, der griechischen Antike anstatt der Steinzeit gemacht hätte. Anatomisch betrachtet ist das Gehirn des Menschen zweifellos seit Millionen von Jahren das gleiche geblieben. Veränderungen sind allerdings hinsichtlich der Funktionsweise eingetreten, oder, um es mit den Worten Lurias zu sagen, im Hinblick darauf, wie das Gehirn heute arbeitet bzw. wie es in der Vergangenheit gearbeitet hat.

Nach Auffassung der von Wygotski begründeten sowjetischen psychologischen Schule, zu deren bedeutendsten Vertretern Luria zählt, sind die Veränderungen der Hirnfunktionen gesellschaftlich bedingt, das heißt durch das Gefüge der sozialen Beziehungen, in das ein Mensch hineingeboren wird und in dem er aufwächst. Da sich die sozialen Beziehungen im Laufe der Geschichte verändern, weist auch dieser Bedingungsfaktor der Hirntätigkeit eine historische Evolution auf.

Betrachten wir als Beispiel für den Funktionswandel der verschiedenen Hirnareale nochmals die bereits angesprochenen Fälle der Erfassung von Farbe und Schrift. Mit Hilfe der Netzhaut und des sogenannten ›corpus geniculatum laterale‹, über welche auch andere Lebewesen wie etwa Katze und Affe verfügen, nimmt der Mensch einen bestimmten Bereich von Wellenlängen wahr. Der Mensch allerdings untergliedert die Wellenlängen und ordnet ihnen spezifische Bezeichnungen zu. Diese werden vom Kind nach dem Erwerb der Sprache erlernt, wenn also für die Sprachverarbeitung die strukturellen Voraussetzungen im Gehirn (im allgemeinen in der linken Hirnhälfte) gegeben sind. Wenn eine bestimmte Wellenlänge angesprochen wird (»dies ist Rot«, »dies ist Gelb« usw.), so kommt es zwischen den an der Dekodierung der Information »Wellenlänge« beteiligten und den für die sprachlichen Funktionen zuständigen Zentren zu einer neuen funktionalen Interaktion, die zuvor in diesen Zentren nicht angelegt war. Vorher konnte man also die Farben wahrnehmen, ohne sie benennen zu können, und gleichzeitig konnte man sprechen, ohne die Farbnamen zu kennen. Die Tatsache, daß das Kind es lernt, die Wellenlängen mit bestimmten Wörtern zu verbinden, ist kein Phänomen, das von vornherein gegeben und bereits im genetischen Code der Spezies Mensch angelegt wäre. Es handelt sich um ein Potential, das durch den Einfluß des sozialen Umfeldes, in dem das Kind aufwächst, aktualisiert wird. Wenn dem Kind die Farbnamen beigebracht werden, so entsteht eine funktionale Verschaltung zwischen Zentren, die bereits eine eigene Funktion besitzen, wobei diese ursprüngliche Funktion in der Tat genetisch vorgegeben ist. Im Vergleich zu ihr ist die neue Verschaltung, das neue »funktionale System« (wie Wygotski und Luria es nennen), sozial bedingt.

Es wurde bereits darauf hingewiesen, daß ein Zusammenhang zwischen dem sozialen Aspekt und den historischen Faktoren besteht, und zwar insofern, als in der Menschheitsgeschichte der soziale Einfluß auf die Entwicklung geistiger Prozesse unterschiedlich war. So gab es beispielsweise hinsichtlich der Farbbezeichnungen in den einzelnen Kulturen eine Fortentwicklung von einigen wenigen Farbnamen bis hin zu einer immer stärker differenzierten Farbpalette; aber es kam auch zu Rückentwicklungen, beispielsweise bei den Dialekten, bei denen einzelne Farbnamen nicht mehr vorkamen, obgleich es sie in der Sprache, aus der sich diese Dialekte entwickelten, gegeben hat. Wenn also das Kind die Farbbezeichnungen lernt und in seinem Gehirn somit neue, sozial bedingte Verschaltungen hergestellt werden, so unterliegt dies in Wirklichkeit allgemeineren, historisch bedingten Faktoren – der von ihm gesprochenen Sprache, der Kultur, der es angehört.

Ein ebenfalls historisch bedingtes funktionales System, das im Gehirn aufgebaut wird, stellt die Schrift dar. Zum Schreiben bedarf es des Zusammenwirkens verschiedener Hirnzentren, von denen jedes eine spezifische Funktion besitzt, aber keines für die Schrift an sich zuständig ist. Die Schrift ist in der Tat eine Funktion, die aus einer Gesamtheit (einem System) von Funktionen besteht, die miteinander interagieren, sobald man das Schreiben lernt. Ohne hier auf die Beschreibung der hinsichtlich der Schrift bestehenden Hirnorganisation näher eingehen zu wollen, sei nur so viel gesagt, daß hierzu die Mitwirkung der Sprachzentren erforderlich ist (man muß ein Wort schreiben, das man schon vom *Hören* kennt), ferner der Sehzentren (man muß die *visuellen* Zeichen kennen, die der auditiv aufgenommenen verbalen Information entsprechen) sowie der motorischen Zentren (man muß einen *motorischen* Bewegungsablauf mit der Hand ausführen, um die entsprechenden Zeichen zu Papier zu bringen). Wenn das Kind Schreiben lernt, treten diese verschiedenen Zentren miteinander in Interaktion.

Es ist nochmals zu betonen, daß diese Zentren mit bereits genetisch festgelegten Funktionen ausgestattet sind (auditiven, visuellen, motorischen Funktionen). Die neue Funktion (der Schrift) entwickelt sich dagegen nur, wenn das Kind in einem sozialen Umfeld aufwächst, in dem diese »gepflegt« wird. Ebenso wie bei den Farben gilt auch für die Schrift, daß sie von einer Kultur zur anderen unterschiedliche Charakteristika aufweist, die vielfach eine besondere Hirnorgansisation erforderlich machen. Erinnert sei hier an die japanische Schrift und die durch sie implizierte Interaktion der Hirnfunktionen. Im Hinblick auf die Schrift ist die Tatsache, daß das im Gehirn angelegte funktionale System historisch bedingt ist, noch evidenter. Diese neue Funktion hat sich nämlich zu einem bestimmten Zeitpunkt der Menschheitsgeschichte entwickelt. Von diesem Zeitpunkt an konnte das Gehirn eines Menschen, der die Schrift erlernt hatte, anders arbeiten.

Diese neuen Möglichkeiten des Gehirns, die sich im Laufe der Geschichte entwickelt haben, werden durch die sozialen

Strukturen tradiert. Angesichts des enormen Potentials an neuen funktionalen Organisationsformen, die von der Gesellschaft übernommen werden können, ist das Gehirn des Menschen im Vergleich zu dem aller anderen Lebewesen das leistungsfähigste. Auf der anderen Seite ist es ausgesprochen unfähig, wenn es sozialen Einflüssen entzogen ist. Selbst wenn ein Mensch, der in den Wäldern aufgewachsen ist (ein »Wolfskind«), von Geburt an mit einem sehr leistungsfähigen Gehirn ausgestattet ist, wird er nicht in der Lage sein, mit anderen Menschen zu interagieren, weil sein Gehirn nicht die Verschaltungen aufgebaut hat, die für das Leben in der menschlichen Gesellschaft erforderlich sind.

Es gibt also zwei Dimensionen der geschichtlichen Bedingtheit des menschlichen Gehirns. Die erste Dimension ist langfristiger Natur und zeigt sich am Wandel, den die höheren Hirnfunktionen, der Verstand, im Laufe der Jahrhunderte der Menschheitsgeschichte durchgemacht haben. Die zweite Dimension bezieht sich auf die Unterschiede zwischen den Individuen ein und derselben Epoche. Zur ersten Dimension liegen uns nur künstlerische und literarische Zeugnisse vor. Ich habe versucht, anhand von Beispielen aufzuzeigen, wie es durch das allmähliche Aufkommen der Schrift, die Einführung des Alphabets sowie die Vorrangstellung, die das Sehen gegenüber dem Hören erlangt hat, zu einer großen Umstrukturierung der Hirnfunktionen gekommen ist. Wahrscheinlich gibt es über den Geist des Menschen vergangener Zeiten in alten Urkunden noch einiges zu entdecken, wenn wir sie nur richtig zu interpretieren verstehen.

Vor einigen Jahren erregte das Buch des Psychologen Jaynes Aufsehen, der ausgehend von den damals durchgeführten Untersuchungen über die Funktionen der »beiden Gehirne« die These aufstellte, daß der Mensch bis zur Entstehungszeit von *Ilias* und *Odyssee* eine grundlegend andere Organisation der Hirnfunktionen aufgewiesen habe. Jaynes vertrat die Auffassung, der Mensch homerischer Zeit habe ständig unter dem Eindruck von Halluzinationen, vor allem auditiver Art, gestanden, die er für die Stimmen der Götter hielt, und er sei erst in späterer Zeit zu Verstand und Bewußtsein gelangt. Die Welt der Träume und der Halluzinationen, der Dichtung und der Religion seien eine Domäne der rechten, das aufkommende Bewußtsein dagegen eine Domäne der linken Hirnhälfte. Der moderne Mensch sei von Rationalität, das heißt von der linken Hirnhälfte bestimmt. Diese These wurde verquickt mit derjenigen, bei den heutigen »primitiven« Kulturen dominiere die rechte Hirnhälfte mit ihren kognitiven und emotionalen Funktionen. Von daher war es denn auch naheliegend zu postulieren, mit Hilfe der rechten Hirnhälfte lasse sich für die westliche Welt das verlorene Paradies wiedererlangen, das einst die Alten besessen hätten und das heute noch bei den östlichen und bei den primitiven Kulturen herrsche. Dieses Vorgehen war allerdings recht unbedarft und wurde praktiziert von jemandem, der sich in der Geschichte der Menschheit nur wenig auskennt und der sich für eine Vorrangstellung der rechten Hirnhälfte in ähnlicher Weise einsetzte, wie er sich anschickte, Zen-Kurse zu belegen oder sich neuen Propheten anzuschließen. Von daher war es ebenfalls naheliegend, diese Position zu kritisieren und die historische Wahrheit der angeführten Belege in Zweifel zu ziehen. Ganz anders gingen Historiker wie Braudel, Febvre oder Dodds bei ihren Analysen zu Werke, die natürlich von den Apologeten der rechten Hirnhälfte ignoriert wurden. Bei dem Versuch, einer neuen Dimension des Gehirns Geltung zu verschaffen, wurde also ein falscher Weg eingeschlagen, der lediglich zu einer Stärkung jener Thesen beitrug, die den Hirnfunktionen ihre geschichtliche Bedingtheit absprechen wollen. Und dies, obgleich eine Rehabilitation der rechten Hemisphäre auch möglich gewesen wäre, ohne auf irrationale Argumente zurückzugreifen, wenn man sich zumindest auf Leonardo oder auf Einstein berufen hätte, die einer nicht-rationalen Wirklichkeitsauffassung gewiß ablehnend gegenüber gestanden hätten.

Das Bild des Gehirns

Welches Bild (um diesen Ausdruck der Wissenschaftshistoriker zu verwenden) bzw. welche Vorstellung haben eigentlich die Wissenschaftler vom Gehirn? Um dies zu erfahren, braucht man, wie die Historiker selbst sehr wohl wissen, gar nicht unbedingt die in Fachzeitschriften veröffentlichten Artikel über Forschungsergebnisse unter die Lupe zu nehmen. Man braucht nur abzuwarten, bis ein Neurowissenschaftler einen Durchbruch erzielt hat und er dann in wenigen Zeilen darlegen soll, worum es geht, ohne daß dabei subtile Unterscheidungen vorgenommen werden könnten. So hat beispielsweise Hubel, der die moderne Neurophysiologie mit seinen Arbeiten über das visuelle System regelrecht revolutionierte und dafür 1981 mit dem Nobelpreis ausgezeichnet wurde, im entscheidenden Moment, als er mit wenigen Worten erläutern sollte, was das menschliche Gehirn ist, schlichtweg erklärt, es gebe Eingangs-Neuronen und Ausgangs-Neuronen und dazwischen seien alle übrigen Funktionen angesiedelt (dieser Bereich war auf der seinem Text beigegebenen Abbildung als jungfräulich weißer Fleck zwischen den Neuronen dargestellt). »Da ist ein ausgesendetes Signal: die einzige Art und Weise, wie der Mensch auf die Außenwelt reagiert und auf sie einwirkt. Und zwischen dem ankommenden und dem abgehenden Signal liegt alles übrige, Wahrnehmung, Gefühle, Gedächtnis, Denken und alles, was den Mensch zum Menschen macht.« Derartig komprimierte Aussagen setzen sich letztlich durch und prägen das Bild, das der Mensch sich von der Wissenschaft macht, d.h. in diesem Fall von sich selbst, nämlich davon, wie sein Gehirn aussieht.

Dieser weiße Fleck, der den Menschen letztlich zum Menschen macht, ist allerdings eine Realität, die sich weiter erforschen läßt, und zwar unmittelbar und nicht nur mittelbar wie im Falle des Menschen Homer oder des Menschen Rabelais. Hier kommt nun die andere historische Dimension des menschlichen Gehirns ins Spiel. Die heutzutage übliche Methodologie stellt das Haupthindernis dar, das sich einer Klärung der Transformationsprozesse und der historisch-kulturellen Bedingtheit des Gehirns eines in der heutigen Welt lebenden Menschen entgegenstellt. Es wurde schon mehrfach darauf hingewiesen, daß für psychologische und neurophysiologische Experimente fast ausschließlich Studenten als Probanden herangezogen werden. Auf diese Weise werden Kenntnisse über die Hirnfunktionen einer ganz bestimmten Gruppe von Menschen gewonnen, das heißt von zwanzigjährigen weißen Studenten. Dagegen weiß man nur sehr wenig über zwanzigjährige Arbeiter weißer, schwarzer oder gelber Hautfarbe. Desgleichen liegen auch kaum Erkenntnisse über die Entwicklung des Gehirns während der Kindheit und über Abbauerscheinungen im Alter vor. Man braucht nur die Artikel in dem namhaften amerikanischen Wissenschaftsmagazin »Scientific American« durchzugehen: Wann immer eine Abbildung des Gehirns zu sehen ist (und somit vom Gehirn die Rede ist), haben wir es ganz selbstverständlich mit einem erwachsenen Gehirn zu tun, ohne daß darauf ausdrücklich hingewiesen würde. Es wird also von vorneherein davon ausgegangen, daß »das Gehirn« dasjenige eines erwachsenen Menschen ist. Natürlich stellen bekanntlich Kindheit und Alter Phasen im Leben des Menschen dar, mit denen sich die Wissenschaft erst in jüngster Zeit auseinanderzusetzen beginnt, und es läßt sich auch eine historische Erklärung für das Fehlen von Untersuchungen über das Gehirn des Kindes oder des alten Menschen finden. Auch hierzu ließen sich hunderte von Untersuchungen anführen. Die Frage ist nur, inwieweit sie das Bild vom »Gehirn des Menschen« zu vermitteln vermögen.

Zu fragen wäre auch, ob dieses von allen historischen und individuellen Gegebenheiten abstrahierende »Gehirn des Menschen« nicht die letzte Bastion des Anthropozentrismus darstellt. Nach der Revolutionierung des Weltbildes hat der Mensch seine zentrale Stellung im Universum eingebüßt. Nach der darwinistischen Revolution hat er das Privileg verloren, letzter Akt der göttlichen Schöpfung zu sein, und bildet nur noch ein Glied in der Kette der Evolution der Lebewesen. Dann hieß es, das Gehirn sei das, was den Menschen auszeichne, was seine Sonderstellung im Universum ausmache. Die Stärke des Gehirns (oder der Seele, die dort ihren Sitz hat) sei wiederum nicht-materieller Art, und der Mensch könne sich erneut über den Rest der Schöpfung erheben. Wenn wir wirklich wissen wollen, ob das Gehirn des Menschen, so wie wir es heute kennen, nur ein Mythos ist, welcher der Aufrechterhaltung der zentralen Stellung des Menschen dient, dann bedarf es zweifellos einer Revision der theoretischen Grundlagen der Psychologie und der Neurowissenschaften, doch diese theoretische Reflexion reicht nicht aus. Wenn die Psychologen oder die Neurowissenschaftler das Gehirn des Menschen wie eine hochkomplizierte Maschine einer Untersuchung unterziehen und dabei seinen konkreten Kontext völlig außer Acht lassen, so sind die Gründe hierfür nicht allein in ihrer jeweiligen Disziplin zu suchen; es handelt sich nicht nur um eine theoretisch und methodologisch bedingte Beschränkung. Die Gründe für die bei den Psychologen und den Neurowissenschaftlern bestehende Schizophrenie zwischen ihrem eigenen Gehirn und dem von ihnen untersuchten Gehirn sind wesentlich vielschichtiger, und sie lassen sich nur mit historischen und kulturellen Kategorien erfassen.

Welchen Einfluß philosophische und religiöse Vorstellungen auf die Hirnforschung gehabt haben, gilt es noch zu untersuchen. In einigen Fällen sind diese Einflüsse und deren Konsequenzen jedoch ganz evident. Bei großen Wissenschaftlern wie Charles Sherrington und John Eccles, die für ihre Untersuchungen des Nervensystems den Nobelpreis erhalten haben, ging die exakte Erforschung der im Gehirn vorhandenen Mechanismen einher mit spiritualistischen Vorstellungen von einer Seele, welche die höheren Hirnfunktionen steuert. Andere Wissenschaftler, wie der bereits erwähnte Hubel, haben sich hierzu jeglichen Urteils enthalten und mit einem weißen Fleck das gekennzeichnet, »was den Mensch zum Menschen macht«. So macht uns also unser Gehirn zum Menschen entweder aufgrund einer außerhalb unseres Körpers gelegenen Größe oder aufgrund von irgend etwas Mysteriösem, das zu beschreiben eine Aufgabe ist, der sich die Wissenschaft entzieht.

Diese hinsichtlich der Erforschung des menschlichen Gehirns bestehende Tendenz wird durch die Entwicklung der Computer noch verstärkt. Die höheren geistigen Prozesse werden von dem konkreten Individuum abstrahiert, und statt dessen werden eine universelle Logik, eine Sprache, ein Gedächtnis und eine Denkweise postuliert, die für die Kommunikation zwischen Maschinen geeignet sind. Auch der Mensch ist eine Maschine, der sich zur Interaktion mit einer anderen Maschine, dem Computer, gemeinsamer Ausdrucksformen bedient. Hinweise auf individuelle und kulturelle Unterschiede werden allmählich verschwinden. Ein sorgfältig ausgewähltes genetisches Programm wird ein für alle gleiches Gehirn schaffen. Doch welche Logik wird als allgemein gültig anerkannt werden? Vielleicht werden aber, wie in dem Film *Blade Runner* zu sehen ist, auch diese Menschen eine eigene individuelle Identität fordern, die sich erneut aus der Erinnerung und aus der Geschichte heraus Bahn bricht.

Literatur*

Das Gehirn eines Künstlers

Nadias Fall wird in dem ausgezeichneten Buch von Lorna Selfe beschrieben: *Nadia: A Case of Extraordinary Drawing Ability in an Autistic Child*, Pergamon Press, London 1977. Verschiedene Hinweise auf die Beziehung zwischen Linkshändigkeit und künstlerischem Talent finden sich auch in dem grundlegenden, von J. Herron herausgegebenen Buch *Neuropsychology of Left-handedness*, Academic Press, New York 1980 (vgl. insbesondere das Kapitel von C.J. Mebert und G.F. Michel über die Dominanz der Hände bei Künstlern). Verschiedene klassische Artikel über die Funktionen der beiden Hirnhälften sind in dem von F. Denes und C. Umiltà herausgegebenen Buch zusammengefaßt *I due cervelli*, Il Mulino, Bologna 1978.

Ein Bericht über die Experimente, die J.M. Peterson und L.M. Lansky bei linkshändigen Architekten durchgeführt haben, findet sich in der Zeitschrift »Perceptual and Motor Skills«, 1974, Bd. 38, S. 547–550, und 1977, Bd. 45, S. 1216–1218. Das Kapitel von L.J. Harris über die Geschichte von »Fug und Unfug« bei der Erforschung der Linkshändigkeit (in dem von Herron zitierten Buch) wurde zugrundegelegt für die Ausführungen über Michelangelo, Leonardo und Lewis Carroll (von letzterem wurde folgende Ausgabe benutzt: *Alice im Wunderland, Alice hinter den Spiegeln*. Übers. und herausg. von Christian Enzensberger, Frankfurt, Insel 1963). Zum Problem der genetischen Grundlagen der Linkshändigkeit (und ganz allgemein der Dominanz einer

---

* Soweit nicht durch andere Quellenangaben ausgewiesen, wurden die im Text vorkommenden Zitate auf der Grundlage der italienischen Ausgabe übersetzt.

der beiden Hände), das zu komplex ist, als daß es im Rahmen dieser Arbeit eingehender behandelt werden könnte, siehe C. Porac und S. Coren, *Lateral Preferences and Human Behavior*, Springer, New York, 1981. Zur Frage des Anteils der Linkshänder in der italienischen Bevölkerung siehe D. Salmaso und A.M. Longoni, *Hand preference in an Italian sample*, »Perceptual and Motor Skills«, 1983, Bd. 57, S. 1039–42.

Welches Gehirn spricht?

Die Geschichte Genies und die Resultate der neuropsychologischen Untersuchungen sind aufgezeichnet in dem Buch von Susan Curtiss *Genie: A Psycholinguistic Study of a Modern-day »Wild Child«*, Academic Press, New York 1977. Zwei weitere Fälle von »Wilden Kindern« werden in den beiden faszinierenden Büchern von Itard und Herzog geschildert: J. Itard, *Gutachten über die erste Entwicklung des Victor von Aveyron*, Frankfurt 1972; *Bericht über die Weiterentwicklung des Victor von Aveyron*, Frankfurt 1972; W. Herzog, *L'Enigme de Kaspar Hauser,* Paris 1976. Zu der Diskussion, die durch die Fälle der »Wilden Kinder« in der Anfangszeit der Anthropologie und der modernen Psychologie ausgelöst wurde, siehe S. Moravia, *La scienza dell'uomo nel Settecento*, Laterza, Roma-Bari 1978. Hauptwerk L.S. Wygotskis ist das 1934 erschienene Buch *Denken und Sprechen* (dt. Ausg. Frankfurt 1964). Das Tagebuch Zasetskijs ist nachzulesen in dem Buch von Alexander R. Luria, *Verwirrte und wiedergefundene Welt*, (Prag[8]1977).

Grundlegend für das Problem des Bilinguismus ist die Monographie von M.L. Albert und L.K. Ohler, *The Bilingual Brain*, Academic Press, New York 1978.

Zum Thema rechte Hirnhälfte siehe E. Perecman (Hrsg.) *Cognitive Processing in the Right Hemisphere*, Academic Press, New York 1983.

Das Gehirn der Japaner

Das Buch Ruth Benedicts erschien erstmals 1946. Zu dem Buch von Tadanobu Tsunoda, *Nipponjin no No no Hataraki to Tozai no Bunka*

(Das Gehirn der Japaner: die Hirnfunktionen und die Kulturen des Orients und des Okzidents), Taishukan Shoten, Tokio 1978, gab es mehrere Rezensionen in der Zeitschrift »Journal of Social and Biological Structures«, 1980, Bd. 3, S. 255–276. Siehe auch M. Sanches, *Brain functions laterilization and language acquisition: the evidence from Japanese*, »Language Sciences«, 1979, Bd. 1, S. 35–49.

Zum Thema chinesische Sprache und Schrift siehe W.S.-Y. Wang, *The Chinese language*, »Scientific American«, 1973, Bd. 228 (2), S. 51–60, und G. Vacca, *Lingua*, Stichwort *Cina, Enciclopedia Italiana*, Bd. X, S. 303–306. Zur Beziehung zwischen chinesischer Sprache und Gehirn siehe M.A. Naeser und S. W.-C. Chan, *Case study of a chinese aphasic with the Boston Diagnostic Aphasia Exam*, »Neuropsychologia«, 1980, Bd. 18, S. 389–410.

Die Ausführungen über die japanische Schrift stützen sich auf *A manual of Japanese writing. Book 1* von Hamako Ito Chaplin und Samuel E. Martin, Yale University Press, New Haven und London 1967. Von den zahlreichen Arbeiten von S. Sasanuma siehe vor allem »*Kana*« *and* »*kanji*« *processing in Japanese aphasics*, »Brain and Language«, 1975, Bd. 2, S. 369–83. Weitere Hinweise finden sich in meinem Artikel *Brain and socio-cultural environment*, »Journal of Social and Biological Structures«, 1981, Bd. 4, S. 319–27.

Zur non-verbalen Kultur und zur Persönlichkeitsstruktur der Japaner siehe das klassische, 1938 erschienene Werk von N. Hasegawa, *The Japanese Charakter: A Cultural Profile*, Kodansha, Tokio 1982, und T. Hoover, *Die Kultur des Zen*, Köln/Düsseldorf 1978.

Sind die Farben für alle die gleichen?

Eine zusammenfassende Darstellung der neurophysiologischen Grundlagen der Farbwahrnehmung findet sich in L. Maffei und L. Mecacci, *La visione*, EST Mondadori, Mailand 1979, Kap. VI. Grundlegend ist das Werk von B. Berlin und P. Kay, *Basic Color Terms*, University of California, Berkeley-Los Angeles 1969 (siehe auch P. Kax und C.K. Mc Daniel, *The linguistic significance of the meanings of basic color terms*, »Language«, 1978, Bd. 54, S. 610–46).

Zu den Beziehungen zwischen physiologischen und kulturellen Aspekten bei der Wahrnehmung der Farben siehe M.H. Bornstein *Color vision and color naming: A psychophysiological hypothesis of cultural differences*, »Psychological Bulletin«, 1973, Bd. 80, S. 275–80, und M.H. Bornstein und L.E. Marks, *Il mondo del colore*, »Psicologia Contemporanea«, 1983, Bd. 10, Nr. 57, S. 2–8.

Zur Verwendung der Farbe Rot bei den »primitiven« Kulturen siehe E.E. Wreschner, *Red ochre and human evolution: A case for discussion*, »Current Anthropology«, 1980, Bd. 21, S. 631–33.

Zum Thema Farbbezeichnungen in den italienischen Dialekten siehe die Arbeiten von A.M. Kristol, *Il colore azzuro nei dialetti italiani*, »Vox Romanica«, 1979, Bd. 38, S. 85–99, und *Color systems in southern Italy: A case of regression*, »Language«, 1980, Bd. 56, S. 137–45.

Zur Farbe in der Kulturgeschichte siehe M. Brusatin, *Storia dei colori*, Einaudi, Torino 1983. Die Abhandlungen J.W. von Goethes, *Die Farbenlehre*, Dortmund 1979 (Erstveröff. Tübingen 1810).

Das Zitat I. Calvinos stammt aus *Le Cosmicomiche*, Einaudi, Torino 1965.

Das Gehirn des Musikers

Grundlegendes Werk ist das von M. Critchley und R.A. Henson herausgegebene Buch *Music and the Brain*, Heinemann, London 1977, das durch die Lektüre folgender Artikel zu ergänzen ist: T.G. Bever und R.J. Chiarello, *Cerebral dominance in musicians and nonmusicians*, »Science«, 1974, 185, S. 137–39; A. Gates und J.L. Bradshaw, *The role of cerebral hemispheres in music*, »Brain and Language«, 1977, Bd. 4, S. 403–31; M.T. Wagner und R. Hannon, *Hemispheric asymmetries in faculty and student musicians and nonmusicians during melody recognition tasks*, ebd., Bd. 13, S. 379–88.

Zu Ravel siehe T. Alajouanine, *Aphasia and artistic realization*, »Brain«, Bd. 71, S. 229–41; R.E. Cytowic, *Aphasia in Maurice Ravel*, »Bulletin of the Los Angeles Neurological Society«, 1976, Bd. 41, S. 109–14; P. Petit, *Maurice Ravel. Variationen über Person und Werk*, Frankfurt [8]1976.; H.H. Stuckenschmidt, *Ravel*, Lattès, Paris 1981.

Zu Schebalin siehe A.R. Luria, L.S. Tsvetkova und D.S. Futer, *Aphasia in a composer*, »Journal of Neurological Sciences«, 1965, Bd. 2, S. 288–92.

Zu einem anonymen rumänischen Violinisten siehe L. Marlov *Amusia due to rhythm agnosia in a musician with left hemisphere damage: A non-auditory supramodal defect*, »Cortex«, 1980, Bd. 16, S. 331–38.

Zum Farbensehen siehe A.R. Luria, *Una memoria prodigiosa*, Editori Riuniti, Rom 1972, und S.M. Eisenstein, *Forma e tecnica del film e lezioni di regia*, It. Übers., Einaudi, Torino 1966 (siehe insbesondere die Kapitel über *Synchronisation der Sinne, Bedeutung der Farbe* sowie das Kapitel über die Synästhesien in dem Buch *Music and Brain*).

Zu den Händen des Musikers siehe R.C. Oldfield, *Handedness in musicians*, »British Journal of Psychology«, 1969, Bd. 60, S. 91–99; L.A. Shaffer, *Performances of Chopin, Bach and Bartok: Studies in motor programming*, »Cognitive Psychology«, 1981, Bd. 13, S. 326–76.

Zu Beethoven: J. Ehrenwald, *Beethoven: Hero and antihero, portrait of a right hemispheric genius*, »Journal of the American Academy of Psychoanalysis«, 1979, Bd. 7, S. 45–55.

Das Gehirn eines Sportlers

Zur linksseitigen bzw. rechtsseitigen Dominanz der Hand, des Fußes und des Auges bei Sportlern siehe C. Porac und S. Coren, *Lateral Preferences and Human Behavior*, Springer, New York 1981.

Zum Verhältnis Gehirn-Körper siehe E. Herrigel, *Zen in der Kunst des Bogenschießens*, München 1951.

Zu den individuellen Unterschieden der Tagesperiodik bei verschiedenen Sportarten siehe B. Rossi, A. Zani und L. Mecacci, *Diurnal individual differences and performance levels in some sport activities*, »Perceptual and Motor Skills«, 1983, Bd. 57, S. 27–30.

Über »Morgenmenschen« und »Abendmenschen« in der italienischen Bevölkerung siehe L. Mecacci und A. Zani, *Morningness-eveningness preferences and sleep-waking diary data of morning and evening types in student and worker samples*, »Ergonomics«, 1983, Bd. 26, S. 1147–53. Vergl. auch A. Zani, *Ritmi biologici e lavoro a turni*, »Sapere«, 1983, Nr. 5, S. 34–39, sowie A. Ferraris und A. Oliverio, *I ritmi della vita*, Editori Riuniti, Rom 1983.

Navigation auf hoher See

Der Bericht G.F. Gemelli Careris findet sich in *Viaggatori del Seicento*, hrsg. von M. Guglielminetti, Utet, Torino 1967, S. 709–10.

Zum Thema Seefahrer in Ozeanien siehe die faszinierenden Bücher von P. Buck, *I vichinghi d'Oriente*, It. Übers., Feltrinelli, Mailand 1961; B. Malinowski, *Argonauten des westlichen Pazifiks*, Frankfurt [8]1985; J.A. Michener, *Hawaii*, Frankfurt 1977; F. Ouilici, *Oceano*, De Donato, Bari 1972.

Wichtigstes Werk für eine Untersuchung auf der Grundlage moderner kognitiver Theorien im Bereich der Psychologie ist das Buch von T. Gladwin, *East is a Big Bird. Navigation and Logic on Puluwat Atoll*, Harvard Univ. Press, Cambridge (Mass.) 1970.

Zum Thema kongnitive Landkarten siehe U. Neisser, *Kognition und Wirklichkeit*, Stuttgart 1979 (dort finden sich auch die wichtigsten Hinweise zu den Untersuchungen Gladwins und auf das Buch von K. Lynch, *Image of the City*, London 1960).

Zur Frage, inwieweit die Untersuchungen über die beiden Hirnhälften für die Anthropologie von Interesse sind, siehe J.A. Paredes und M.J. Hepburn, *The split brain and the culture-cognition paradox*, »Current Anthropology«, 1976, Bd. 17, S. 121–27.

Der Fall Zasetskij wird beschrieben in A.E. Luria, *Un mondo perduto e ritrovato*, it. Übers., Editori Riuniti, Rom 1973. Zur Orientierung in der Wüste siehe J.M. Kearins, *Visual spatial memory in Australian aborigenal children of desert regions*, »Cognitive Psychology«, 1981, Bd. 13, S. 434–60. Das Zitat V. Pratolinis ist entnommen aus *Il quartiere*, 1945 (Mondadori, Mailand).

Grundlegendes Werk über die Störungen der räumlichen Orientierung infolge von Hirnschädigungen ist das Buch von E. De Renzi, *Disorders of Space Exploration and Cognition*, Wiley, Chichester 1982.

Zur Psychologie der Kosmonauten siehe J. Gagarin und V. Lebedev, *Psychology and Space*, New York 1970, sowie die Autobiographie Gagarins, *La via del cosmo*, Editori Riuniti, Roma 1961.

Das Gehirn eines Wissenschaftlers

Zur direkten Orientierung über den im 19. Jahrhundert bei der Untersuchung des Gehirns von Schriftstellern, Künstlern, Musikern und Wissenschaftlern zugrundegelegten Forschungsanstaz siehe *L'uomo di genio* von Cesare Lombroso (Bocca, Mailand 1894). Siehe auch S.J. Gould, *The Mismeasure of Man*, Norton, New York 1981.

Zu Gauß siehe auch das Kapitel *Der Mathematikkönig*, in: E.T. Bell, *Die großen Mathematiker*, Düsseldorf 1967, und M. Wertheimer, *Produktives Denken* (Kapitel *Die berühmte Geschichte vom jungen Gauß)*, Frankfurt ²1964.

Zu Einstein siehe auch *Mein Weltbild*, Ullstein Mat. 35024, Berlin, und *Aus meinen späten Jahren*, Stuttgart 1979, sowie B. Hoffmann, *Albert Einstein, Schöpfer und Rebell*, Stuttgart, Zürich ⁸1976. Zum visuellen Denken siehe das Kapitel: *Einstein: Die Überlegungen, die zur Relativitätstheorie führten* in dem zitierten Buch von Wertheimer, *Produktives Denken*, vergleiche hierzu auch A. I. Miller, *Albert Einstein and Max Wertheimer: A Gestalt psychologist's view of the genesis of special relativity theory*, »History of Science«, 1975, Bd. 13, S. 75–103. Interessant hierzu sind auch folgende Untersuchungen: W. Sullivan, *The Einstein papers: Childhood showed a gift for the abstract*, »The New York Times«, 27. März 1972, S. 1; G. Holton, *On trying to understand a scientific genius*, »American Scholar«, 1972, Bd. 41, S. 95–110; B.M. Pattern, *Visually mediated thinking: A report of the case of Albert Einstein*, »Journal of Learning Disabilities«, 1973, Bd. 6, S. 415–20; A. Rothenberg, *Einstein's creative thinking and the general theory of relativity: A documented report*, »American Journal of Psychiatry«, 1979, Bd. 138, S. 38–43.

Zu den visuellen Vorstellungen bei der wissenschaftlichen Kreativität siehe neben dem klassischen Buch von J. Hadamard, *The Psychology of Invention in the Mathematical Field* (Princeton University Press, Princeton, N.J., 1945), vor allem die Arbeiten von R.N. Shepard, *Externalization of mental images and the act of creation*, in P.S. Randhawa und W.E. Coffman, *Visual Learning, Thinking, and Communication*, Academic Press, New York 1978, S. 133–89; R.D. Tweney und C.R. Mynatt (Hrsg.), *On Scientific Thinking*, Columbia University Press, New York 1981, und A.I. Miller, *Visualisazzione perduta e riconquistata: La genesi della teoria dei quanti nel periodo 1913–27*, in: *L'estetica nella scienza*, hrsg. von J. Wechsler, Editori

Riuniti, Rom 1982. Die Autobiographie von J.D. Watson ist veröffentlicht in *Die Doppel-Helix*, Hamburg 1969.

Zum Thema »Orient und rechte Hemisphäre« siehe R.E. Ornstein, *Die Psychologie des Bewußtseins*, Köln 1974; J.A. Paredes und M.J. Hepburn, *The split brain and the culture-cognition-paradox*, »Current Anthropology«, 1976, Bd. 17, S. 121–27; T. Hoover, *Die Kultur des Zen*, Köln/Düsseldorf 1978. Von den Büchern C. Castanedas siehe vor allem über das »Sehen« *Reise nach Ixtlan. Die Lehre des Don Juan*, Frankfurt [8]1975.

Das Gehirn eines blinden und taubstummen Menschen

Grundlegendes Werk hierzu ist das von A.I. Meschtscherjakov, *Slepogluchonemye deti* (Blinde und taubstumme Kinder), Pedagogika, Moskau 1974; ergänzend dazu die Überlegungen von G.S. Gurgenidze und E.V. Ill'enkov, *Eine experimentelle Untersuchung über die Entstehung der menschlichen Psyche*, »Sowjetische Rundschau«, 1976, Nr. 1, S. 39–57, und von K. Levitin, *The best path to man: A report from a children's home*, »Soviet Psychology«, 1979, Bd. 18, S. 3–66. Siehe auch S. Sirotkin, *The transition from gesture to word*, ebd., Bd. 19, S. 46–59 (Der Autor ist einer der erwähnten vier blinden und taubstummen Psychologen der Universität Moskau).

Zu Helen Keller siehe ihre Bücher *Die Geschichte meines Lebens*, Bern 1955, und *Meine Welt*, Stuttgart [8]1908.

Zu Laura Bridgeman siehe R.W. Oppenheim, *Laura Bridgeman's brain: An early consideration of functional adaptations in neural development*, »Developmental Psychobiology«, 1979, Bd. 12, S. 533–37.

Siehe auch die Untersuchungen von A.B. Kogan, *Einige elektrophysiologische Anzeichen für die kortikalen Prozesse bei blinden Taubstummen* (russ.), »Fiziologija Tscheloveka«, 1977, Bd. 3, S. 1113–18, und zur Gehirnorganisation beim Lesen der Braille-Schrift siehe B. Hermelin und N. O'Connor, *Functional asymmetry in the reading of Braille*, »Neuropsychologia«, 1971, Bd. 9, S. 431–35, und L.J. Harris, *Which hand is the ›eye‹ of the blind?: A new look at an old question*, in: J. Herron (Hrsg.), *Neuropsychology of Lefthandedness*, Academic Press, New York 1980.

Hat sich das Gehirn im Laufe der Geschichte verändert?

Zu Leonardo siehe G. Vasari, *Vite scelte*, hrsg. von A.M. Brizio, Utet, Turin 1964, S. 247–71; A. Marinoni, *Introduzione a Scritti letterari*, Rizzoli, Mailand 1974 (insbesondere S. 36–47 zu den graphischen und orthographischen Besonderheiten); *Scritti scelti*, hrsg. von A.M. Brizio, Utet, Turin 1966. Zu den psychologischen Interpretationen siehe S. Freud, *Eine Kindheitserinnerung Leonardo da Vincis* (1910), Frankfurt [8]1982; G.D. Schott, *Some neurological observations on Leonardo da Vinci's handwriting*, »Journal of the Neurological Sciences«, 1979, Bd. 42, S. 321–29; P.G. Aaron und G. Glouse, *Freud's psychohistory of Leonardo da Vinci: A matter of being right or left*, »Journal of Interdisciplinary History«, 1982, Bd. 13, S. 1–16. Zur zentralen Rolle der »Vision« im Denken Leonardos siehe W. van Hoorn, *As Images Unwind: Ancient and Modern Theories of Visual Perception*, University Press Amsterdam, Amsterdam 1972; M. Kemp, *Leonardo da Vinci*, it. Übers., Mondadori, Mailand 1982; *Leonardo e l'età della ragione*, Scientia, Mailand 1982.

Zur Perspektive im Zusammenhang mit der Frage der historischen Transformationen des Geistes siehe E. Panofsky, *Sinn und Deutung in der bildenden Kunst*, Köln 1975, und P. Francastel, *Histoire de la peinture française. Bd. 2: Du classicisme au cubisme*. Paris [2]1955.

Zum Übergang vom Hören zum Sehen ist die Lektüre folgender Werke unabdingbar: L. Febvre, *Le Problème de l'incroyance en XVIe siècle de Rabelais*, Paris 1947; A. Koyré, *Von der geschlossenen Welt zum unendlichen Universum*, Frankfurt [8]1980; M. Mc Luhan, *Die Gutenberg Galaxis*, Düsseldorf/Wien 1968. Febvres Beitrag *Psychologie und Geschichte* findet sich in *Problemi di metodo storico*, Einaudi, Turin 1976. Der Fall Menocchio wird geschildert in C. Ginzburg *Der Käse und die Würmer. Die Welt eines Müllers um 1600*. Frankfurt 1979.

Zur oralen Kultur in der Welt der Antike siehe E.A. Havelock, *Origins in western literacy*, Toronto [8]1976, und E.A. Havelock und J.P. Hershbell (Hrsg.) *Arte e communicazione nel mondo antico*, Laterza, Rom-Bari 1981 (diesem Buch sind die Zitate von Havelock, Russo, Gentili und Cerri entnommen). Zur oralen Kultur in der Welt des Mittelalters siehe J. Leclerq, *Cultura umanistica e desiderio di Dio*, Sansoni, Florenz 1983. Zu den Auswirkungen des Beginns von »Lesen und Schreiben« auf die geisten Prozesse siehe J. Goody (Hrsg.), *Literacy in Traditional Societies*, Cambridge University Press, 1968, und zu einer unlängst an afrikanischen Völkern vorgenommenen Untersuchung siehe das Buch von S. Scribner und M. Cole, *The Psychology of Literacy*, Harvard University Press, Cambridge (Mass.) 1981.

Zum Gedächtnis siehe P. Rossi, *Clavis universalis: Arti mnemoriche e logica combinatoria da Lullo a Leibniz*, Ricciardi, Mailand-Neapel 1960; F. Yates, *The Art of Memory*, London 1966, und L. Le Goff, *Memoria*, in: *Enciclopedia Einaudi*, Bd. 9, S. 1068–1109.

Zur Schrift siehe R. Marichal, *La scrittura* in: *Storia d'Italia*, Bd. 5, Halbband II, S. 1265–1317 (Einaudi, Turin 1973). Bei Universale Laterza wurden verschiedene Bände veröffentlicht über »Bücher, Schriften und Leser«, hrsg. von G. Cavallo und A. Petrucci. Hervorragend ist der Ausstellungskatalog im Grand Palais in Paris, 7. Mai – 9. August 1982 (*Naissance de l'écriture: Cunéiformes et hiéroglyphes*).

Die Bibliographie über die Spezialisierung der beiden Hemisphären beim Erkennen geschriebener Buchstaben wird in folgendem Werk rezensiert: C. Umiltà (Hrsg.) *Neuropsicologia sperimentale*, Angeli, Mailand 1982, S. 15–41. Siehe auch C. Bigelow und D. Day, *Tipografia digitale*, »Le Scienze«, 1983, Bd. 31, Nr. 182, S. 56–67.

Zum Thema lautes Lesen siehe Mc Luhan, *Die Gutenberg Galaxis*, Düsseldorf/Wien 1968, und B.M.W. Knox, *Silent reading in Antiquity*, »Greek, Roman and Byzantine Studies«, 1968, Bd. 9, S. 421–35. Zum äußeren und inneren Sprechen siehe L.S. Wygotski, *Denken und Sprechen*, Frankfurt 1964.

Die »Sintflut« nach Leonardo ist den von A.M. Brizio herausgegebenen *Scritti Scelti* entnommen, Utet, Turin 1966. Die Äußerungen S.M. Eisensteins über Leonardo finden sich im Kapitel *Parola e immagine* in: *Forma e tecnica del film e lezioni di regia*, Einaudi, Turin 1964.

Das Buch von J. Jaynes trägt den Titel: *The Origin of Consciousness in the Breakdown of the Bicameral Mind*, Houghton Mifflin, Boston 1976. Als Beispiel für streng historische Untersuchungen zur Rekonstruktion des Denkens der Menschen früherer Zeiten siehe die Schriften der französischen Geschichtsschreibung (Febvre, Braudel, Le Goff usw.; vgl. die Bibliographie in *La nuova storia*, hrsg. von J. Le Goff, Mondadori, Mailand 1980). Grundlegende Werke zum Denken des griechischen Menschen sind diejenigen von E.R. Dodds, *The Greeks and the Irrational,* Berkeley, 1951, und J.-P. Vernant, *Mythe et pensée chez les Grecs*, Paris 1966.

Zur Bedeutung der »beiden Gehirne« ganz allgemein siehe die Rede von Roger Sperry anläßlich der Verleihung des Nobelpreises (*Some effects of disconnecting the cerebral hemispheres,* »Science«, 1982, Bd. 217, S. 1223–1226) und die zusammenfassenden Darstellungen von M.C. Corballis (*Laterality and myth,* »American Psychologist«, 1980, Bd. 35, S. 286–295) und von M. Kinsbourne (*Hemispheric specialisation and the growth of human understanding,* »American Psychologist«, 1982, Bd. 37, S. 411–420).

Der Abschnitt von D.H. Hubel ist dem Artikel *Il cervello* entnommen, »Le Scienze«, 1979, Bd. 12, Nr. 135, S. 8–17 (diese ganze Ausgabe ist dem Gehirn gewidmet und enthält Beiträge von großem allgemeinen Interesse).

Das Bild des Gehirns

In diesem Kapital werden zusammenfassend einige der Thesen aufgegriffen, die in *Cervello e storia: Ricerche sovietiche di neurofisiologia e psicologia* dargelegt sind, Editori Riuniti, Rom 1977; *Brain and socio-cultural environment,* »Journal of Social and Biological Structures«, 1981, Bd. 4, S. 319–27; (gemeinsam mit Alberto Zani) *Teorie del cervello: Dall'Ottocento a oggi,* Loescher, Turin 1982; *Looking for the social and cultural dimension of the human brain,* »International Journal of Psychophysiology«, 1984, Bd. 2.

Abbildungsverzeichnis

Abb. 1–5. L. Selfe, *Nadia*, Pergamon Press, London 1977.

Abb. 6. A. Vesalio, *De humani corporis fabrica*, 1543.

Abb. 7. A.R. Luria, *L'organizzazione cerebrale,* »Le Scienze« 1970, Nr. 22.

Abb. 9. C. Mooney, *Age in the development of closure ability*, »Canadian Journal of Psychology«, 1957, Bd. 11, S. 219–26.

Abb. 10–11. S. Curtiss, *Genie*, Academic Press, New York 1977.

Abb. 12–13. W.S.-Y. Wang. *The Chinese language*, »Scientific American«, 1973, Bd. 228, Nr. 2, S. 51–60.

Abb. 14. O. Vaccari und E.E. Vaccari, *Pictorial Chinese-Japanese Characters*, Vaccari's Language Institute, Tokio 1978.

Abb. 15. T. Tsunoda, *Das Gehirn der Japaner*, Taishukan Shoten, Tokio 1978.

Abb. 16. A. Kristol, *Color system in Southern Italy*, »Language«, 1980, Bd. 56, S. 137–45 (nachgezeichnet).

Abb. 17. M.H. Bornstein, *Color vision and color naming.* »Psychological Bulletin«, 1973, Bd. 80, S. 275–80.

Abb. 19. P. Gammond, *La musica*, Sansoni, Florenz 1973.

Abb. 20–22. »L'Illustrazione dello Sporto«, 1982, Nr. 1.

Abb. 23–24. T. Gladwin, *East is a Big Bird*, Harvard University Press, Cambridge (Mass.) 1970.

Abb. 25. S. Gould. *The Mismeasure of Man*, Norton, New York 1981.

Abb. 26. P.H. Linsay und D.A. Norman, *Human Information Processing*, Academic Press, New York 1972.

Abb. 27. B. Hoffmann, *Albert Einstein, Schöpfer und Rebell*, Stuttgart, Zürich [8]1976.

Abb. 28. BCSC, *Dalle molecole all'uomo. Biologia*, Zanichelli, Bologna 1975.

Abb. 30. A: J. Williams, *Leonardo da Vinci*, Mondadori, Mailand 1966. B: Levy und M. Reid, *Variations in writing posture and cerebral organization*, »Science«, 1976, Bd. 194, S. 337–39.

Abb. 31. Leonardo, *Scritti scelti*, Utet, Turin 1966.

Abb. 32. R. Marichal, *La scrittura*, in: *Storia d'Italia*, Einaudi, Turin 1973, Bd. 5.

Abb. 33. Naissance de l'écriture, Grand Palais, Paris 1982.

Aus unserem Programm:

Leon Festinger
Archäologie des Fortschritts
Aus dem Amerikanischen
von Gerhard Raabe
1985. 248 Seiten, 6 Karten
ISBN 3-593-33480-1

Der Fortschritt ist in Verruf geraten. Festinger denunziert den
Fortschritt nicht, er hängt ihm
nicht einfach gläubig an – er
kommt ihm vielmehr auf die
Spur, im Wortsinn: als Archäo-
loge. Er fragt nach den evolutionären Voraussetzungen, die zum
homo sapiens sowie dazu geführt
haben, daß sich dieser, um überleben zu können, von Anfang
an technischer Mittel bedienen mußte. Und er fragt, vornehmlich anhand archäologischer (Be-)Funde, nach dem Beginn und
der Weiterentwicklung von Werkzeug- und Nahrungsmittelpro-
duktion, sozialer Organisation und Religion, Kriegswesen und
Sklaverei. Sein Fazit, das er in einem abschließenden Kapitel
auf unser Hier & Heute überträgt: Immer haben die Menschen
versucht, durch neue Technologien alte Probleme zu lösen –
und immer haben sie sich damit neue Probleme eingehandelt.
Über alle Epochen hinweg erweist sich, daß die Menschen die
zukünftigen Folgen ihres eigenen Handelns nur unzureichend
übersehen können.
Vor diesem historischen Grundmuster erscheint jeder Fortschritt als relativ, verlustreich, anfechtbar und teuer erkauft.

Campus Verlag – Myliusstraße 15 – Frankfurt am Main

Aus unserem Programm:

Fritz Morgenthaler
Der Traum
Fragmente zur Theorie und Technik der Traumdeutung
Mit Zeichnungen des Autors Hrsg. von Paul Parin,
Goldy Parin-Matthèy, Mario Erdheim, Ralf Binswanger
und Hans-Jürgen Heinrichs
Qumran 1986. 212 Seiten, Abb., ISBN 3-88655-215-2

Fritz Morgenthalers Umgang mit Träumen ist konventionell
und revolutionär zugleich. Zum einen versteht er sich in strik-
ter Folge von Freuds Traumdeutung, zum anderen möchte er
gerade tun, was bei Freud nur als Hinweis auftaucht: zuerst auf
die Begleitumstände jeder Traumerzählung zu achten, wie der
Analysand die Situation des Traums und der Erzählung erlebt
und wie dies auf den Analytiker wirkt. Morgenthaler geht es
um eine Psychologie des Erlebens, also nicht nur um inhaltsbe-
zogene Traumdeutung, sondern auch um Traumdiagnostik,
die ihr Augenmerk auf die Funktion des Traumgeschehens
lenkt.
Eine Traumerzählung in einer Analysestunde ist in erster Linie
ein Geschenk des Analysanden an den Analytiker, ein Vorgang, der beiden emotional nahegeht. Der Analytiker muß in
der Lage sein, sich emotional auf dieses Geschenk einzulassen
und es gleichzeitig zulassen können, daß er zunächst gar nicht
versteht, was da geschieht.
Davor hat Morgenthaler nie Angst gehabt. Nicht alles gleich
verstehen zu wollen, Fremdheiten anzuerkennen und sich dem
Neuen zu überlassen, das zeichnete ihn ebenso als Psychoana-
lytiker wie als Ethnologen aus.

Edition Qumran im Campus Verlag, Frankfurt am Main